빈 의자

심영희 여덟 번째 작품집

| 머리글 |

등단 30주년을 기념하며

올해는 우리나라에 큰일이 많았습니다. 제20대 대통령이 파면되었고, 6월 3일 대통령 선거에서 이재명 후보가 당선되어 다음날부터 업무를 시작했습니다.

오랜 기간 바라던 일이니, 우리 국민을 잘 이끌어 주시리라 생각합니다. 누군가 말했습니다. 준비된 대통령이라고, 문화예술인들에게도 좋은 일이 많이 있기를 기대해 봅니다.

나라를 바로 잡으려는 시기에 대형 산불에 큰 홍수에 많은 국민이 피해를 보고 국가적으로도 엄청난 경제적 손실을 가져왔습니다. 우리들은 사람뿐만이 아니라 자연에도 순응하며 살아야 합니다.

지난 세월 코로나바이러스와 싸우고, 의료대란으로 큰 고통을 받은 국민들이 서서히 안정된 일상을 되찾기 위해서는 모두의 노력이 필요한 때입니다. '민생회복 소비쿠폰'으로 다소 경제가 풀렸다니 그나마 다행입니다.

꾸준히 글을 쓰다 보니 어느새 수필 작가로 활동한 지 올해로 꼭 30년이 되었답니다. 30주년을 맞아 여덟 번째 작품집을 출간하게 되어 기쁩니다. 항상 의미 두는 것을 좋아하는 성격이라 등단 30주년에는 꼭 기념 문집을 내리라 생각했습니다.

오랫동안 수필집을 출간하지 못하고 중간에 민화에세이집 『역사와 동행하는 민화 이야기』를 출간하기는 했지만, 8년 만에 수필집을 내다보니 시대에 맞지 않는 글이 많습니다. 코로나 사태를 맞으면서 겪었던 일이며, 오래전에 있었던 일도 이번 수필집에 함께 수록하게 되었기에 『추억 여행』을 출간한 후 또다시 추억 여행을 떠나게 되었습니다. 신작보다 내가 속해있는 협회 문학지에 실렸던 작품이 더 많기 때문입니다.

소설가나 시인처럼 돈을 버는 것도 아니면서 수필을 쓰는 것은 나 스스로 느끼는 즐거움이 있기에 지치지 않고 열심히 수필 정원을 걷고 있습니다. 내가 느끼고 본 것을 마음껏 이야기할 수 있는 대상이 글로 풀어내는 일이기에 쉬지 않고 열정을 쏟아봅니다.

또 '기록'은 대단히 중요합니다. 아무리 기억력이 좋아도 세월이 흐르면 희미해집니다. 책을 보면서 어떤 시대를 살았는지 추억해 보며 웃기도 하고 울기도 합니다.

바쁜 일정에도 졸작을 읽고, 격려의 평을 해주신 한국문인협회 수필분과 회장이며, 한국수필가협회 권남희 이사장님께 고마움을 전합니다. 오랜 세월 수필문단에서 함께한 인연입니다.

항상 나의 지원군 우리 가족 감사하고 사랑합니다. 문학을 함께하는 문인들, 친지, 지인들 늘 행복하시길 바라며, 수필집을 정성껏 엮어주신 '도서출판 청어' 대표님과 직원들께 감사드립니다.

2025년 가을에
빛들 심영희

| 목차 |

머리글					2

제1부
정도를 걸으신 천사 같은 내 어머니

꽃을 보면 기분이 좋아진다					10
동선 늘이기					13
민화 에세이집 출간 효과					16
부모님 산소에 다녀오다					20
아버지는 술주정뱅이가 아니다					23
애완견의 빈자리					27
오월 학교를 아시나요					31
자라섬 꽃축제 다녀오다					35
정도를 걸으신 천사 같은 내 어머니					38
척야산 문화수목원					41
화천 나들이					45
횡성 호수 길을 걸으며					49

제2부

나는 걸스카우트 출신이다

가르친 보람을 느끼며	56
걷는 길에서 나를 반겨주는 것들	60
꼬마 튀김만두	63
꿈속에서 길을 헤매다	66
나는 걸스카우트 출신이다	70
내 고향 평창의 새 역사	74
들깨향	81
버리지 못하는 습관	85
서거리깍두기	89
운동화와 구두	92
직선과 곡선	97
학창시절은 추억 창고	101

제3부

이천이십 년 재생 필름

드라이브스루	104
마스크에서 절반 이상 해제	107
머리 염색을 하면서	111
봄이 오는 소리	116
새해에는 호랑이처럼	121
소월·경암 문학예술회관 두 돌을 맞다	126
손녀는 미래의 간호사	129
손자 신병 교육 수료식	133
이천이십 년 재생 필름	136
종각에 오르다	140
코로나에 쫓겨 귀국행 비행기를 탄 손자	144
할 일이 있는 자는 행운아다	148

제4부

빈 의자

가을 속에 핀 봄꽃	154
갈등	157
빈 의자	162
선택할 수 없는 인생길	166
스승의 날을 되새기며	173
이름을 찾아서 좋아하는 사람들	177
익어가는 가을	181
콧구멍 다리	184
풍물시장 지킴이 김유정과 점순이	189
학창시절	194
행사하기 좋은 날	198
횡단보도에 그려진 화살표의 의미	202

제5부

올해는 내 세상이 될 거야

돋보기로 보는 세상   208

문화의 꽃이 활짝 핀 영월   212

백담사를 찾아서   216

봄은 희망이다   220

성공한 인생   224

소중한 인연의 고리   228

여자도 배포가 커야 한다   232

오랜만에 만난 전주   235

올해는 내 세상이 될 거야   238

자연과 인간의 싸움   242

재미있는 글을 좋아한다   247

효자를 만나다   250

평론_심영희 수필가의 성취욕구와 돋보이는 실천력   256
     권남희((사)한국문인협회 수필분과 회장·(사)한국수필가협회 이사장)

| 제1부 |

정도를 걸으신 천사 같은 내 어머니

힘겨루는 십이지

꽃을 보면 기분이 좋아진다

　오늘도 아침 일찍 걷기 운동을 하려고 집을 나섰다. 일단 공지천을 향해 걸었다. 강변을 따라 걸을까 하다가 삼천동에 새로 건설되는 아파트 부근이 궁금해 삼천동으로 발길을 돌렸는데, 큰 길가 한 줄만 단독주택이 남아있고 그 뒤로는 아파트 시공사에서 담을 쌓아 예전의 정겹던 마을 분위기는 찾아볼 수 없다.

　자주 다니던 길 입구에도 출입 금지에 천막이 처져 있으니 더 이상 들어갈 수 없다. 되돌아 나와 아파트를 끼고 집 쪽으로 오다가 건너편 골목이 궁금하여 그쪽으로 들어갔다. 골목에 있던 화원은 없어지고 맞은편에는 새로 지은 건물 주차장 울타리가 길과 맞닿아 있다. 참 오랜만에 이쪽 골목에 왔더니 이곳 역시 많이 변했다.

　전부터 있던 집에는 인기척은 없어도 여전히 꽃이 많이 자라고 있는데 맨드라미가 대세다. 또 다알리아꽃과 칸나도 야산 언덕바지에 자리하고 잘 자라고 있다. 바로 어제 풀을 뽑아준 듯 꽃 사이로 잡초 대신 싱그러운 흙이 보인다. 길옆에는 고구마 한 두둑이 심겨있는데 몇 포기 안 되는 고구마에 꽃이 피어있어 사진을 찍으려고 휴대폰을 들이대자 마당 가에 매여있던 개가 짖기 시작한다. 개 한 마리가 이 골목 파수꾼 노릇을 하는구나.

그래도 고구마꽃을 찍었다. 고구마꽃도 보기 드문 꽃이라 하지 않았던가, 사진을 찍어 가지고 나오는데 그 옆에는 꽃집이 이사 가며 아직 가지고 가지 않은 사각 연못에 연꽃이 피어있다. 연꽃도 카메라에 담았다. 제철을 맞은 연꽃은 좁은 연못 속에서도 꽃을 아름답게 피웠고 물 위에는 수생식물도 자라고 있어 제법 연못 흉내를 내고 있다.

집으로 오면서 눈에 들어오는 꽃 몇 가지를 더 찍었다. 우리 동네 교회 앞을 지나오는데 교회 뜰 배롱나무에 꽃이 활짝 피어 내 눈을 유혹한다. 그 옆에 있는 연립주택 마당으로 들어섰다. 옆집 꽃이 담을 타고 자기를 자랑하는 백도라지꽃과 남색 도라지꽃도 만났고 노란 호박꽃도 만났다. 흔히 사람들은 늙은 여자를 비유하여 '호박꽃'이라고 하는데 왜 그런 말이 유행했을까, 이른 아침 밝게 웃는 호박꽃은 청순하고 예쁘다. 위쪽에는 아기 주먹만 한 호박도 매달려 있다. 연립주택 꽃밭을 둘러보니 누가 열심히 가꾸어 놓았는지 여러 가지 꽃이 피어 오래된 주택을 돋보이게 하고 있다.

홀로 핀 나리꽃은 위로 실하게 자라다 무게를 이기지 못해 아예 옆으로 비스듬히 누어 버렸고, 여러 포기가 무리 지어 피어있는 꽃은 탐스러웠다. 혼자 똑바로 서기는 힘들었지만 여러 포기가 자란 꽃은 서로서로 지탱해 주고 보듬으며 힘을 내어 쓰러지지 않고 꼿꼿하게 버티며 모든 일은 서로 협력해야 한다는 교훈을 알려준다. 꽃잎이 뒤로 뒤집히는 습성이 있는 백합과 식물에 속하는 나리꽃도 뒤로 뒤집어진 주황색 꽃잎과 수술이 매력적이다.

연립주택 화단에는 백일홍도 한 무리 피어있고 그 뒤에는 천사의 나팔도 보인다. 머지않아 평창에서 열리는 '백일홍 축제' 때 손자와 구경 가기로 약속했으니 그 약속도 꼭 지키리라. 피마자꽃은 참으로 오랜만에 본다. 화훼용으로 키우는 작물이 아니라 좀처럼 보기 어려운데 미색 웃음을 띤 꽃도 함께 만났다. 꽃잎 모양이며 수술, 꽃봉오리까지 무궁화꽃과 유사한 부용화는 꽃 크기와 화려함을 자랑하며 경쟁하듯 피어있다.

그중에 노란 국화와 접시꽃은 고향집 마당에 터줏대감처럼 피어있던 꽃이고 어머니께서 아주 좋아하시던 꽃이다. 노란 꽃송이만 봐도 어머니 얼굴이 떠오르고 고향집 꽃밭과 정원이 눈앞에 어른거린다. 유난히 꽃을 좋아하던 착하디착한 우리 어머니 지금은 하늘나라에서 꽃과 함께 살고 계시리라.

나는 꽃을 좋아하는 어머니를 닮아 꽃식물을 아주 좋아한다. 어린 시절 우리 화단에 어머니께서 많이 가꾸시던 꽃들을 보면 더욱 반갑고 자꾸 눈물이 흐른다. 나이가 들었어도 어머니가 보고 싶고 고향집이 그리운 것이다.

기분이 상쾌하다. 아침 운동을 해서 기분이 좋고, 꽃구경을 많이 해서 더욱 기분이 좋다. 나는 이렇게 꽃을 보면 기분이 좋아진다.

―2024년 《춘천문학》 36집에 수록

동선 늘이기

나는 요즈음 '동선 늘이기 운동'을 실행하고 있다. 동선은 어떤 일을 할 때 몸이 주로 움직이는 거리와 방향을 나타내는 선을 말하는데 특히 집안에서 많이 움직이는 여성들에게 더 많이 적용된다.

예전의 한옥 구조는 부엌과 대청마루 거리가 멀었다. 여인네들이 부엌에서 밥상을 들고 대청마루를 지나 안방으로 가거나 대문 입구에 있는 사랑채까지 가야 했다. 밥상은 무겁고 거리는 멀고 여인네들이 얼마나 힘들었겠는가.

그래서 대부분의 민가에서는 안방과 부엌 사이에 작은 문을 만들어 사람들은 드나들지 못해도 음식을 주고받을 수 있게 했다. 어떻게 하든 여인네들이 다니는 동선을 짧게 하려는 의도였다.

이런 시대를 거치면서 반백 년 전부터 대도시를 시작으로 아파트라는 게 생겨나기 시작했다. 그 아파트 설계에서 빼놓지 않았던 것이 주부들의 동선을 줄이는 것이었다. 그중 첫째는 거실과 주방이 붙어있어 주부들이 움직이는 선이 대폭 짧아진 것이다. 아파트에 사는 사람들은 쾌재를 불렀다.

이뿐이랴, 안방도 가깝고 심지어 화장실도 가까워졌고, 세탁실 빨래걸이까지 가까이 있어 마당에 매어 놓은 빨랫줄에 빨래 널러 갈 일도 없으니, 별로 걸어 다니지 않아도 집 안에서 모든 일이 척척 해결되었다.

걸어서 시장에 장 보러 가던 주부들도 시간을 줄여 대형 마트에서 물건을 주문하고 배달을 시킨다. 안주인 할 일이 점점 줄어들다 보니 시간적 여유도 생기고 운동 부족으로 쪄가는 살을 빼기 위해 돈을 내고 헬스클럽으로 달려가 살을 빼기 위해 집 안에서 걷는 몇 배로 뛰면서 땀을 뻘뻘 흘리며 운동을 한다.

이런 시절이 몇십 년 흘러간 지금 나는 '동선 늘이기'에 열심이다. 큰 평수의 아파트가 아닌지라 원래 동선이 길지도 않은데 그것도 더 편하려고 거실에서 주방에 한 번이라도 덜 가려고 한꺼번에 손이 터지도록 물건을 주방에서 거실로 옮겨왔다. 마냥 편하고 좋을 것 같기만 했던 생활이 70대가 되면서 후회가 된다. 더 열심히 움직여야 했다는 결론이다.

그래서 요즈음은 정 반대되는 행동을 하면서 살고 있다. 걷기 운동을 소홀히 할까 봐 아예 생필품 사는 것도 나누어 산다. 두세 가지 물건을 사기 위해 가까운 마트를 걸어 갔다 온다. 물건을 한꺼번에 많이 사면 가까운 마트도 차를 운전해서 가야 하기에 이런 방법을 택했다. 또 밖으로 걷기 운동을 하러 가지 못한 날은 집에서 운동을 대신한다. 텔레비전을 보면서 박자를 맞춰 손발을 움직이거나 아예 율동을 하면서 즐긴다.

또 동선을 늘이기 위해 손이 터지도록 들고 오던 물건을 분

리해 가지고 온다. 즉 사과 하나를 먹기 위해서 먼저 사과 껍질 깎아 놓을 조그만 쟁반을 갖다 놓고 다시 가서 사과를 씻어서 가져다 놓고, 또다시 주방에 가서 깎은 사과를 담을 접시를 가지고 오고, 그다음은 사과를 찍어 먹을 포크도 가져다 놓고, 맨 마지막으로 사과를 깎을 수 있는 과도를 들고 온다.

예전 같았으면 한번에 가져왔을 물건을 다섯 번을 주방과 거실을 오가며 옮겨온다. 이것이 내가 생각해낸 '동선 늘이기' 운동법이다. 조금도 귀찮지 않다. 한 번 더 갔다 올 때마다 내 몸이 건강해진다고 생각하면서 즐겁게 움직인다.

건축설계사들이 편하게 살라고 설계한 아파트에서 동선이 짧다며 동선 늘이기 운동법으로 약간의 반란을 일으키고 있는 셈이다.

요즈음은 남녀노소 가리지 않고 건강에 신경을 많이 쓴다. 따라서 운동하는 법도 다양하게 찾아 하는데 나는 이 '동선 늘이기' 방법으로 즐거운 운동 시간을 보내며 재미를 느낀다.

누가 보면 좀 웃긴다고 할지 모르지만, 현시대는 남의 집에 방문하는 일이 거의 없다. 가족이나 서로 집에 드나들지 친척이나 지인들은 모두 밖에서 만나 식당이나 카페에서 그 농안 밀렸던 회포를 풀며 재미난 시간을 보내기 때문에 이 "동선 늘이기" 운동은 누구의 방해도 받지 않고 순조롭게 이루어지고 있다.

―2025년 《한국문인》 10·11월호 강원지회 특집에 수록

민화 에세이집 출간 효과

민화를 그리기 시작한 지 9년 만에 '민화 에세이집'을 출간했다. 학창시절에도 그림 그리기를 좋아했고, 미술시간이면 미술 선생님께서 그림을 잘 그린다고 항상 칭찬하셨고, 잘 그린 그림 몇 점을 골라 복도에 걸어놓을 때도 내 그림이 뽑혔다. 그리고 새마을 사업이 한창이던 70년대 재건중학교에서 학생들에게 그림을 가르쳤다.

그 미련을 버리지 못해 90년대부터 다시 그림을 그리기 시작했다. 그리다 쉬기를 반복하는 가운데, 시대의 변화에 따라 민화가 대중에게 인기를 끌면서 나도 그 대열에 끼어들었다. 민화가 내게 여러모로 쓸모가 있다는 판단에서였다. 처음 민화를 접하면서 한지공예 작품에다 민화 그림을 붙여 작품을 만들 계획이었는데 그게 생각처럼 쉽지 않았다. 우선 그림을 그려 한지공예 작품에다 붙여야 하는데, 그림을 깨끗하게 그려도 배접하는 과정이나 붙일 때 그림에 주름이 생기거나 물감이 번지게 되니, 할 수 없이 표구사에 가서 돈을 주고 붙여 오는데 이것도 아니올시다.

표구사 주인이 돈을 받고 하면서도 늘 투덜거리는 것이다. 액자나 족자를 하는 만큼 달라는 대로 돈을 지불하는데 그때마다 이번이 마지막이고 다음에는 안 해준다는 말을 꼭 덧붙인다. 내가 생각할 때 절대 손해 보는 장사는 아닌 것 같은데 매번 그런 말을 하니 기분이 좋지 않았다.

그리고 민화를 그리며 이론 공부를 하다 보니 참 재미있다. 민화 그림 하나하나에 내포된 염원의 뜻이 좋아 그림에 맞는 글을 써서 책을 출간하기로 마음먹고 그림도 열심히 그리고 글도 열심히 썼다.

'강원문화재단'에 지원금을 신청했는데 선정되지 못해 자비로 출판하게 되었다. 그동안 그리고 쓴 민화에세이를 신청하면서 지난번 책에 실었던 작품 두 편도 함께 수록하며 "이 작품은 2017년 출간한 수필집 『추억여행』에 수록된 작품"이라고 밝혔는데, 선정되지 않아 지원서를 자세히 읽어보니 "전에 출간한 책에 실린 작품을 실으면 지원금을 받을 수 없다"는 글귀가 눈에 들어왔다. 그런데 왜 그 글을 미리 못 봤을까 후회하지만 이미 지나간 시간이다.

며칠을 고심했다. 이 작품을 넣어서 그대로 책을 출간할 것인가, 아니면 두 작품을 빼고 다시 지원금을 신청할 것인가. 결론은 그 작품을 함께 넣어 자비로 출판하기로 결정하고 작업에 착수했다. 편집을 모두 마치고 출판사에 원고를 넘기고 나니 마음이 홀가분하다. 자비 출판이라 생각지 않은 돈이 지출되기는 하겠지만 마음먹었으면 밀고 나가야 한다는 게 내 생각이다.

3차 교정까지 보면서 틀린 글씨가 있는지 찾아보고 한국민화협회에 가입할 때 추천해주신 회장님 작품 평도 받아서 연말인 12월에 책이 출간되었다. 그동안 작가들로부터 받은 책에 대한 보답과 평상시 혜택을 받은 분들께 책을 보내 드리고는 임인년 한 해를 마무리하는 기분이다. 책을 받은 선후배 문인들의 축하 전화와 축하메시지가 연일 계속되었다. 그중에 '국립춘천박물관' 김울림 관장님의 전화를 받고는 기쁘기까지 했다.

관장님 전화 내용은 맨 뒤에 실린 「우리 집 민화 병풍 이야기」에 실린 민화 병풍이 진품이라는 것이다. 또 박물관에서나 볼 수 있는 작품이며 관장님이 찾고 있는 작품 중 세 번째 만난 작품이라며 그림을 한 장씩 따로 찍어서 보내달라고 한다. 내 고향 동네 병내리에 살던 분이 그린 그림인데 더 자세히 그림을 보며 그 시대를 알아보려고 한다는 말도 하며 병풍을 잘 간직하라는 것이다.

그 수필에다 나는 이렇게 썼었다 "누가 그린 그림인지 원본인지 복사본인지 알 필요도 없다. 아버지의 지혜로 민화 병풍을 구입하게 되었고 어머니의 정성으로 제물을 병풍 앞에 차려놓고 제사도 지내고 설날 분위기를 한껏 살려주었던 민화 병풍." 관장님이 여기에 대한 답을 준 것이다. 내가 병풍을 보관하기 잘했다는 생각이다.

친정집에서 오랫동안 사용하다 보니 그림은 멀쩡한데 병풍 틀을 싼 천은 찢어지고 찢어진 천 위에 또다시 천을 붙이고 엉망이지만, 그래도 앞쪽의 그림과 뒤쪽의 문자도와

붓글씨는 나를 즐겁게 할 만큼 마음에 들었다. 그리고 나도 진품 그림을 가지고 있다는데 자부심이 생겼다. 민화 에세이집을 내지 않았거나 박물관 관장님께 책을 보내지 않았다며 영원히 모르고 지나갔을 것인데 이렇게 병풍에 대하여 알게 되니 '민화에세이집'을 자비로 출판하여 아깝다는 생각이 바람처럼 사라졌다. 민화 병풍이 진품이라는 것을 알았고 여러분께 축하받았으니 책을 출간한 효과를 톡톡히 본 것 아니겠는가 하고 생각한다.

―2023년 《강원문단》 3호에 수록

부모님 산소에 다녀오다

지난 3월 26일에는 부모님 산소에 다녀왔습니다. 윤달이 들어 아직 2월이지만 윤년이 아니면 지나간 3월 24일(음력 3월 3일) 삼짇날이 부모님 생신날이었습니다. 천생연분으로 생신날이 같은 날이라 늘 함께 생신상을 받으셨는데 코로나라는 부랑아는 부모님 산소에 가는 길도 멀게 했습니다. 4년 동안 딱 한 번 다녀왔는데 오늘은 부모님 찾아가는 발걸음이 더욱 가벼워졌습니다.

아버지 고향은 강릉이고, 어머니 고향은 평창 봉평인데 부모님 산소는 봉평에 있기에 어머니 고향인 봉평을 자주 가게 됩니다. 부모님께서 그렇게 귀여워하시던 외손자 외손녀 즉 우리 아들딸을 데리고 부모님 산소를 찾았으니 얼마나 좋으셨을까요. 게다가 아들딸이 또 아들딸을 데리고 인사를 갔으니 얼굴도 모르는 증손자 손녀들이 대견하고 보고 싶었을 것입니다. 아주 어릴 때 가보고 대학생이 되어 찾아간 산소, 서로 얼굴은 모르지만 가족이라는 이름으로 마음이 통했을 것입니다. 손자 손녀는 비석에 쓰여있는 가족들 이름을 보고 신기해했습니다.

큰손녀는 간호사 국가고시 합격 후 4월 12일부터 인천 모 대형병원에 발령받았으니 인사를 제대로 갔다고 생각합니다. 부모님께 절을 올리고 옆에 있는 오빠한테도 인사를 했습니다. 정성껏 부모님 산소를 가꾸던 오빠도 고인이 되어 이 산자락에 묻혀 있습니다. 우리 가족은 산소 앞에 돗자리를 깔고 모여 앉아 음식을 먹으며 생전의 아버지 어머니 모습을 회상했습니다.

따뜻한 봄볕 아래 푸근한 마음까지 겹쳐 오랫동안 산소에 머물렀다가 내려오는데, 지금은 막내 남동생이 산소를 잘 돌보고 있어 어느새 산수유꽃도 노랗게 피었고 목련꽃도 삐죽이 얼굴을 내밀고 있습니다. 며칠 전 춘천에서 본 자목련은 거의 만발했던데 이곳은 산속이라 기온이 낮은가 봅니다.

봉평의 유명한 곳 허브 나라로 갔으나 아직은 구경할 것이 없어 차를 돌려 매운탕 집에서 매운탕과 닭볶음으로 점심을 먹었습니다. 손자 손녀는 닭볶음이 맛있다고 닭볶음을 먹고, 어른들은 메기매운탕으로 점심을 먹으며 나는 사진도 빼놓지 않고 찍었습니다. 물론 카페와 블로그에 올리려고 찍는 것인데 손녀들은 자기네 얼굴 나온다고 손으로 얼굴을 가리고 있습니다. 몇 년 전에도 동생들과 산소에 갔다가 이 식당에 들렸는데 주인이 없어 다른 곳에서 점심을 먹었습니다. 농촌이라 손님이 없을 때는 집 가까운 곳에서 농사일을 하는가 봅니다.

홍천 무궁화공원에서 만나기로 했는데 무궁화꽃이 피지 않은 무궁화공원은 아직 삭막합니다. 그래도 공원 주위를 한 바퀴 돌고 홍천 양지말화로구이에서 고추장 양념삼겹살로 저녁을 먹고, 아들네는 원주로 돌아가고 딸과 함께 춘천으로 오면서 즐거운 하루였다고 좋아했습니다.

봉평을 다녀온 날이면 늘 숙제처럼 풀리지 않는 일이 한 가지 있습니다. 초등학생일 때 아버지 어머니를 따라 봉평 어머니 친척집과 아버지 친척집을 다녀온 적이 몇 번 있습니다. 시골 덕거리에 살던 아버지 친척은 아버지 외사촌 형님이라고 하였고, 몇 년 후에는 봉평 시가지로 이사를 왔는데 그 집에도 가보았습니다. 그때 그 친척의 이름을 알아두었어야 했는데 이름을 모른 채 부모님도 돌아가시고 아버지 형님도 돌아가셔서 아버지 유일한 외갓집 강릉 김씨의 자손을 알아보지 못하고 있습니다.

10여 년도 훨씬 전에 봉평에 사는 김남극 시인과 얘기를 해보니, 분명 그 아저씨네 자손이기는 한데 아버지 형님의 막내아들인지 아니면 손자인지 답답하기만 했습니다. 김남극 시인 역시 우리 아버지 이름을 모르고 있으니까 말입니다. 이래서 기록이라는 것이 대단히 중요하다는 것을 새삼 느낍니다. 수필을 쓰면서 또는 시를 쓰면서 그 시대와 가족의 사소한 일도 기록으로 남기면 이것이 곧 훗날 우리 가족의 역사가 되고 나아가 이웃의 역사가 되는 것입니다. 그래서 오늘도 부지런히 기록의 세계인 글을 쓰고 있답니다.

—2023년 《평창문학》 초대수필에 수록

아버지는 술주정뱅이가 아니다

〈엄마는 그래도 되는 줄 알았습니다〉

많은 사람이 알고 있는 이 시는 친정 막냇동생이 쓴 시다. 동생의 시는 어느 날부터 유명세를 타고 KBS TV동화를 비롯하여 드라마 자막에 나오기도 하고 회사 사보와 교육신문에도 실렸다. 더 큰 영광은 교과서에도 실리고 '도전 골든벨' 문제로 나오기도 했다. 또 몇 개월 전에는 '불후의 명곡'에서 노래를 부르기 전에 시가 낭송되었고, 몇 년 전에는 원주 출신 가수가 노래를 만들어 '원주 시민의 날' 행사에서 불렀으며 음원이 제작되어 강릉에서 음원 발표회도 했다. 내가 가끔 가는 우리 동네 닭갈비 집 창문에도 이 시로 장식할 만큼 인기를 얻은 작품이다.

그런데 이 작품으로 인해 삶 자체가 추락한 사람이 있는데 바로 친정아버지시다. KBS TV동화에서 아버지가 술에 취해 술병을 옆에 놓고 술주정 부리는 그림을 그려 가족들을 속상하게 했다. 특히 나는 아버지의 특별한 사랑을 받으며, 또한 아버지께서 나를 믿고 인정해 주신 것처럼 아버지의 일생에 찬사를 보내며 늘 존경한다.

부지런하고 열성적인 아버지께서는 이승을 떠나실 때까지 담배는 피워도 술은 좋아하지 않으셨다. 직장생활을 하시니 어쩔 수 없이 술을 접해야 했지만, 팔십 세의 일기로 생을 마감하실 때까지 술주정이라는 걸 해보신 적이 없는 분이시다.

회식이나 손님 접대로 술을 드시고 집에 들어오시는 날에는 기분 좋게 "저 건너 푸른 봉에 구름 헤치고 태양이 솟아오니 어화 새날이로구나" 하시며 노래 한 소절 부르시면 끝이다. 정말 주정뱅이들처럼 한 말 또 하고 또 하는 것도 아니고, 그렇다고 어머니나 자식들을 못살게 괴롭히거나 구타하는 일도 없다. 그러니 아예 주정뱅이 기질은 전혀 없는 엄하신 분이다.

시 내용 중에는 "아버지가 속 썩여도 전혀 끄떡없는"이라는 내용이 있는데 그것도 아버지의 술주정과는 전혀 상관없다. 어머니께서 구 남매나 되는 자녀를 키우셨으니 왜 고생이 없으셨겠는가. 하지만 '어' 다르고 '아' 다르다는 말처럼 아버지는 절대 술주정뱅이가 아니다. 아버지가 어머니께 화를 내실 때는 자식들이 잘못했거나 아버지의 옷 손질이 제대로 안 되었을 때다. 술주정과는 전혀 상관이 없다.

TV동화를 텔레비전에서 보면서 기쁨보다는 화가 치밀어 올랐던 그날. 마음이 많이 상했는데, 몇 년 전에 춘천문인협회에서 등단 20년 이상 된 시인의 시와 작품이 교과서에 실린 시를 뽑아 시화를 만들어 남춘천역사에 걸어 놓았는데 〈엄마는 그래도 되는 줄 알았습니다〉는 교과서에 실렸으니 당연히 전시 작품에 선정되어 남춘천역 벽에 걸렸는데, 그 작품을 보는 순간 작품을 확 뜯어버리고 싶었다.

　KBS TV동화에 나왔던 그 그림 그대로 시화를 제작하여 한쪽 바짓가랑이는 걷어 올리고 술병을 옆에 놓고 있는 주정뱅이 아버지를 보는 순간 또다시 화가 나서 작품을 떼어 버리고 싶은 충동을 느꼈으나, 그럴 수는 없고 서울로 가기 위해 남춘천역에 가면 그 시화로 인해 그날은 기분 망치는 날이다. 몸뻬바지에 보따리 들고 집 나온 여자 같은 어머니 모습도 그렇고, 전혀 우리 아버지 어머니 모습이 아닌 시화는 늘 내 마음을 불편하게 했다. 어머니도 항상 치마나 원피스를 즐겨 입으셨는데, 웬 몸뻬바지는.

　시화의 그림을 '세상의 모든 아버지 어머니를 상징하여 그렸다'고 이해하기도 쉽지 않다. 친정어머니의 모습 절반이 시 내용이기 때문이다. 게다가 잘못 없이 세상 많은 사람에게 술주정뱅이로 전락한 아버지의 명예 회복은 어디에다 하소연할까.

　동생은 그 작품으로 인해 유명세를 탔으니 좋을지 몰라도 이건 아니다. 아버지에 대한 모독이다. 평생을 술주정 한번 안 하신 아버지가 술주정뱅이가 되어 많은 사람에게 주징뱅이로 인식되었다는 것이 몹시 불쾌했다.

　참고 참았던 불쾌한 내 마음을 지난해 문학회 모임에서 "우리 아버지는 주정을 한번도 해본 적이 없는데, 남춘천역에 붙은 시화를 볼 때마다 화가 난다"고 말했더니 시화를 책임졌던 사람에게 전해졌는지, 몇 개월 후 서울에 가느라 남춘천역에 갔는데 동생의 시화가 걸려있던 자리는 시화를 떼어내고 빈자리가 되어있었다.

주정뱅이 아버지 모습을 보지 않아서 좋은데, 시화가 벽에 걸릴 자격이 되어서 걸린 동생의 시화가 떼어졌으니, 이유도 모르고 시화가 사라진 것을 본 동생의 마음도 좋지는 않았을 것이다. 이곳 남춘천 역사 벽이 아니라도 동생의 시 〈엄마는 그래도 되는 줄 알았습니다〉는 여러 곳에서 빛을 발하고 있으니 그나마 다행이라는 마음이다.

하지만 내 아버지가 주정뱅이가 아니라는 것은 꼭 밝히고 싶다. 가족과 이웃을 위해 헌신하신 아버지! 모든 일에 최선을 다하신 아버지의 생애에 누를 끼치는 주정뱅이 아버지 그림은 다시 만나는 일이 없었으면 하는 딸의 간절한 마음이다.

―2020년 《춘천문학》 32집에 수록

애완견의 빈자리

딸네 집에서 키우던 애완견이 며칠 전에 죽었다. 나는 이틀이 멀다고 딸네 집에 들리는데 문소리와 함께 쫓아오던 '요요'란 애완견이 죽고 없으니 그 자리가 허전하다.

실은 나는 고기를 좋아하지 않고 먹는 것도 몸에 나쁘다는 숯불에 구운 돼지갈비, 소갈비, 삼겹살만 먹고 물에다 끓인 고기는 한번도 먹어본 적이 없이 채식만 좋아한다. 그래서인지 꽃나무는 아주 좋아하고 많이 키우지만, 동물은 싫어한다.

요요는 딸네 집에서 10년 넘게 살았다. 손자 손녀가 초등학생일 때 사 와서 대학생이 될 때까지 키웠는데, 손자 손녀는 요요가 귀엽다고 안고 쓰다듬고 한 덩어리가 되어서 놀 때 그게 오히려 이상하게 보였다. 손자는 할머니도 요요 좀 예뻐해 보라고 하지만 난 요요가 내 옆으로 오면 도망가거나 밀쳐낸다.

그래도 딸네 가족이 캠핑을 가거나 며칠씩 집을 비울 일이 있을 때는 내가 요요 밥을 주러 가는데 빈집에 들어가면 자기를 예뻐하지도 않는 나를 보고 그렇게 반가워할 수가 없다. 고작 밥 주고 먹을 물 갈아주고 안쓰러운 생각이 들면 큰맘 먹고 30분 정도 함께 있다 오곤 했다. 혼자 남아 울까 걱정되어 저녁에는 집에 불을 켜주고 아침이 되면 불을 끄고 먹이를 주는 게 내가 요요에게 최대로 베푸는 배려였다.

요요도 나를 반가워하는 시간은 이때뿐인 것 같다. 함께 있어도 안아주긴커녕 쓰다듬어 주지도 않는 내가 야속했던지 더 이상 기대를 걸지 않는다. 하지만 자기 가족이 없으면 밥 먹는 것이 신통치 않다. 그 밥을 먹이기 위해 "요요 밥 먹어, 아이구 착하다" 칭찬하면 그나마 밥을 조금씩 먹는 것이다. 동물도 칭찬하면 좋아하는 것 같다.

그런데 며칠 전 저녁 요요가 쓰러져 손자가 데리고 동물병원을 다녀왔다고 했다. 폐 부근에 물집인지 혹인지 있어 숨을 잘 못 쉰다고 약 처방을 받아와 약을 먹였는데도 요요가 잠을 자지 못한다고, 함께 날밤 새웠다는 손자는 요요가 안쓰러워 요요 곁을 떠나지 못하고 지키고 있을 만큼 사랑을 듬뿍 주었으니, 어설픈 내 행동이 요요 마음에 들었을 리가 없다.

이틀 뒤 다시 손자가 내게 '요요를 동물병원에 데려다 줄 수 있느냐'는 물음에 손자와 요요를 내 차에 태우고 동물병원에 가서 산소 치료를 받느라 한 시간이나 걸려서 데리고 왔다.

병이 나고 오 일째 되던 날 딸네 집에 들어서는데 요요가 산소통 안에 있었다. 아예 산소통을 대여해다가 신선한 공기를 넣어주고 있다. 산소통 아크릴을 통해 내다보는 요요가 오늘따라 눈도 더 크고 털이 유난히 하얗게 그렇게 예뻐 보일 수가 없었다. 딸이 쉬는 날이라 밥상을 차려와 거실에 놓고 앉으려 하는데, 요요가 밖으로 나오고 싶어 하는 것 같아 손녀에게 요요가 나오고 싶어 하니 문을 열어주라고 했다.

문을 열자마자 밥상을 지나 주방 쪽으로 달려갔다. 다른 때는 식탁이나 밥상에 가족들이 있으면 그쪽에 와서 합류하는데, 밥상을 지나 놓고 주방 쪽으로 가더니 안방을 한 바퀴 돌고 화장실을 들러보고 자기 변 보는 곳에서 변을 보고는 그 앞에 주저앉아 다시 산소통에 넣었더니 쭈그리고 앉았다가 누워 버리더니 영영 깨어나지 못했다.

그런 요요를 손자 손녀는 살리겠다고 산소호흡기를 들이대고 산소를 불어넣고 있었다. 손녀 역시 학교에서 돌아오면 밥 먹을 생각보다 요요하고 인사하는 게 더 먼저였으니 요요를 떠나보내는 그 마음들이 오죽했을까.

순간 마음이 울컥하며 눈물이 난다. 짐승도 정은 알고 있어 마지막으로 집을 둘러보고 싶어 나오려고 했었나 보다. 자기가 늘 드나들던 안방을 한 바퀴 돌아 나와서 생을 마감하는 요요를 보며 사람이 죽으면 자기가 평소 생활하던 곳이나 직장 앞에서 노제를 지내던 모습을 연상케 했다.

나는 곧 수강생이 수업하러 올 시간이 되어 딸네 집을 나와야 했다.

"요요야 잘 가! 예뻐해 주지 못해서 미안해" 마지막 작별을 하는데 목이 메고 자꾸 눈물이 흐른다. 오늘 딸네 집 문을 열고 들어갈 때 예뻤던 모습이 내 기억에 오래 남아있으라고 그렇게 예뻐 보였나 보다.

―2021년 《춘천문학》 33집에 수록

오월 학교를 아시나요

 딸네가 옆에 가까이 살고 있어서 거의 매주 일요일에 딸과 손자 손녀와 함께 춘천 근교에서 외식을 하고 색다른 카페를 찾아가는 데 익숙해졌다. 식당이고 카페는 모두 손자 손녀 의향에 따른다. 대신 손자 손녀는 선택하는 데 신중을 기한다. 식당에서는 네 사람이 모두 먹을 수 있는 음식이 있어야 하고 카페는 새로 오픈했거나 아직 가보지 못한 곳을 택한다.
 이날도 만천리에 있는 '바보형제 주꾸미'에서 맛있게 점심을 먹고 '카페 오월학교'로 가기로 했다. 주소를 치더니 지암리에 있다고 한다. 지암리 하면 아이들 어린 시절 물놀이를 많이 다니던 곳이다. 그래서 지암국민학교가 있는 것도 잘 알고 있었는데 많은 세월이 흘러 학생 수가 줄어들면서 어느 날부터 지촌국민학교 지암분교가 되어있어 마음이 짠했는데, 오월 학교는 카페 이름일까 아니면 학생이 없어 문 닫은 초미니 분교일까 궁금증을 안고 운전하여 지암리로 향했다.
 예전보다는 훨씬 좋아진 도로다. 호숫가로 새로 길을 내어 지암리를 오갈 수 있게 해놓았다. 예전의 큰길은 서면과 사북면 경계에 놓인 다리를 건너면 높은 신작로로 올라갔다가 다시 지암리 마을로 내려가는데, 내려갈 때도 위험하지만 올라올 때는 위험도 하지만 승객이 많으면 버스가 고갯길을 올라오지 못해 소동이 벌어진다.

아들딸이 어렸을 때 여름방학을 이용하여 지암리 강가로 2박 3일이나 3박 4일 정도 캠핑을 자주 갔는데, 어느 해 여름에는 버스 가득 승객을 태우고 올라가던 버스가 갑자기 더 이상 갈 수가 없다고 승객을 모두 내리라고 하더니 절반쯤 손님이 내리자 남자 승객들에게 뒤에서 버스를 밀라고 하고, 운전기사는 다시 운전석에 앉아 차를 맨 꼭대기까지 몰고 올라가고 우리들은 버스 있는 곳까지 걸어가서 다시 차에 올라 춘천시내까지 왔었다. 그래도 그게 추억이라 자주 찾았던 동네라 낯설지 않다.

내비게이션이 가라는 대로 따라가며 이 동네 안에 예전에 조그만 분교가 있었는데 아마 그 학교에 가는 것 같다고 했는데, 꾸불거리고 좁은 골목길을 여러 번 빠져서 눈앞에 나타난 것은 아니나 다를까 예전에 보았던 그 조그만 학교였다. 지암국민학교 가덕분교장이 학생이 없어 폐교되고 대신 그 자리에 카페가 들어선 것이다.

지암국민학교 가덕분교장은 춘천시와 통합되기 이전 춘성군이라 부르던 1969년 문을 열어 첫 학생을 맞이했으며, 분교이다 보니 학생들이 많지 않아 4학년까지만 수업을 했고 5학년이 되면 본교로 전학을 가야 했다. 그러니 분교장은 입학생은 있어도 졸업생은 없는 특이한 학교다.

강원특별자치도 춘천시 서면 납실길 160, 옛 주소가 서면 오월리라 '오월 학교'라 이름 지었나 보다. 춘천호와 연결된 지암리 강을 중앙에 두고 우측은 사북면이고 좌측은 서면이다.

가덕분교장에서 '오월 학교'로 바뀐 카페에서 차를 마시고 구경하다 보니 괜히 마음이 서글퍼진다. 얼마나 아이를 안 낳았으면 학생이 없어 전국적으로 폐교가 늘어나고 있을까, 미래에는 학교가 어떻게 될 것인가 걱정이다.

밖에는 엄마 아빠가 데리고 온 아이들이 흙과 장난감으로 재미있게 놀고 있다. 저런 아이들이 많으면 얼마나 좋을까. 한 학급에 학생 수가 50명도 안 되는 시골 초등학교를 졸업한 나는 강릉여자중학교에 입학하여 한 학년이 네 반이나 되었는데도 한 반에 70명이 넘는 학생들이 머리를 맞대고 공부하던 그 시절이 지금 생각해도 몹시 그립다.

이렇게 학생들이 교실에 차고 넘치자 10여 년 후에는 국가에서 '산아제한 정책'을 발표했다. 아들딸 구별 말고 둘만 낳아 잘 키우자고 했다. 그다음에는 한 명만 낳기 운동을 전개했으며, 심지어 한 집 건너 한 명 낳기를 정부에서 시행했던 시절도 있었는데, 나도 물론 정부의 시책에 따라 두 명을 낳았지만, 한 집 건너 한 명 낳기를 부르짖던 시대에 살았던 엄마들은 지금도 어이가 없다고 한다. 한 집 건너면 누구 집은 애를 낳아야 하고 어느 집은 아이를 낳으면 안 되는 것이냐고 반문하면서 말이다.

100년 앞을 못 내다본다고, 우리나라가 신생아가 없어 모든 것이 허물어지는 시대를 살고 있다. 집안에서는 대가 끊긴다고 야단이고 교육기관에서는 학생들이 없어 줄줄이 학교가 문을 닫아야 하는 판이니 정부도 국민도 힘들고 가슴 아프기는 마찬가지일 것이다. "학생이 없어 학교가 문을 닫을지 예전엔 미처 몰랐어요."다.
  학교 이곳저곳을 둘러보니 잘 꾸며 놓아 그래도 여기가 학교였다는 것을 실감나게 했다. 나오면서 아이들에게 이 학교에 다니던 학생들은 학교에 오면 속상하겠다고 했더니 딸의 대답이 "그래도 이렇게라도 학교가 남아있어 다행이지요." 한다. 그렇기는 한데 초등학교는 물론 중학교 심지어 고등학교까지 폐교된 학교가 있다니 정말 시대의 변화에 가슴이 아련하다.
  폐교가 된 후 춘천중앙교회의 성경학교 및 기도원으로 운영되었지만, 고영기 목사님 부부가 독일로 떠나면서 이곳은 또다시 온기를 잃게 되었단다. 그러던 중 2019년 가구브랜드 '비플러스엠'의 최상희 대표가 이곳 공간의 가능성을 발견하고 17여 년 넘도록 나무로 가구를 만들며 낡고 버려진 것에 관심이 컸던 터라, 옛것을 새것처럼 고치는 것보다는 새것을 옛것처럼 만드는 일에 집중하여 억지스럽지 않고 자연스러운 공간으로 재탄생되었다고 한다.

  ─2025년 《춘천여성문학》 33집에 수록 / 춘천에 대한 작품

자라섬 꽃축제 다녀오다

　지난 3일, 가평 자라섬 안에 있는 이화원을 다녀오면서도 다른 곳에 신경을 쓰지 않았더니 자라섬 안에서 꽃축제가 열리고 있는데도 구경을 못 하고 와서 아쉬운 마음에 오늘 다시 구경을 갔다 왔다.

　손자는 피곤해서 쉰다고 하여 딸과 손녀를 태우고 가평으로 갔다. 가평 무교동낙지집에서 점심을 먹고 자라섬으로 갔는데 입구 회전교차로에 차들이 많이 밀리고 있다. 안내원이 어디 가느냐고 물어서 꽃축제 왔다고 했더니, 주차장이 포화상태라 주차할 곳이 없다며 가평종합운동장에 주차하고 셔틀버스를 이용하는 게 훨씬 빠르다며 주차장 앞까지 갔다가 되돌아 가면 더 늦어지니 그렇게 하라고 하여 차를 돌렸는데 되돌아오는 차는 우리 차뿐이라 돌아온 것을 후회하며 운동장에 가서 주차하고 셔틀버스를 기다리는데 계속 승용차가 들어오고 사람들이 버스 타는 곳으로 모여들었다.

　배차 시간은 20분마다 있는데 운동장에서 태우고 가는 길에 학교 앞에서 한 번 더 태우는데 학교 운동장에도 자동차 천국이다. 자라섬주차장 옆에서 내려 걸어가는데 약속했던 아들이 앞에 걸어오고 있어 바로 만났다. 아들도 안내원이 종합운동장에 갔다 세우고 버스를 이용하라고 했는데, 마침 앞차를 따라 제3주차장에 갔더니 자리가 있어 가까운 곳에 주차한 것이다. 그렇게 꽃축제 구경을 하고 아들이 종합운동장까지 태워다 주어서 편안하게 춘천으로 올 수 있었다.

이렇게 셔틀버스까지 타고 축제장에 갔는데 꽃축제장보다 재즈공연장이 인산인해를 이루어 역시 경기도의 저력을 다시 한번 느낄 수 있었다. 경기도는 면적이 넓으니 인구도 많다. 타 시도 관람객이 없더라도 경기도민들만 모여들어도 어마어마한 인원이다. 재즈 공연은 입장료가 8만 원이고 꽃축제는 7천 원인데 지역상품권 5천 원을 도로 내주니 결국 2천 원을 내고 꽃축제 구경을 하는 셈이다.

꽃구경을 하고 축제장을 나오면서 돌려받은 상품권으로는 가평포도과즙을 샀다. 나오는 인구에 비해 재즈 공연을 보려고 돗자리를 들고 공연장으로 들어가는 인파는 정말 많았다. 공연장 안에도 구경꾼이 셀 수 없이 많은데 그래도 넓은 평지이니 '이태원 참사' 같은 사고는 걱정 안 해도 될 것 같아 다행이었다.

주최 측에서 머리도 잘 썼다. 입구에서 표를 파는 게 아니라 깊숙이 들어가 꽃이 보이는 곳에 매표소가 있는데, 이곳까지 왔다가 되돌아가는 사람을 보며 안쓰럽기도 했다. 정말 돈 7천 원이 아까워 꽃밭을 눈앞에 두고 되돌아는 것일까. 입장을 하면 5천 원 지역상품권을 도로 내준다는 사실을 모르고 있기 때문일 것이다.

　자라섬 남도 꽃밭에는 참 많은 꽃이 있었고 건너편에는 남이섬 배터도 보이고 남이섬에서 승객을 태우고 나오는 여객선도 보인다. 남이섬 매표소와 자라섬은 경기도 가평군이고, 남이섬은 강원도 춘천시 땅이다. 자라섬까지는 아니더라도 남이섬 매표소와 주차장은 강원도 춘천이었으면 하는 소망이다.

　―2023년 10월

정도를 걸으신 천사 같은 내 어머니

우리 집 벽 액자 속에는 아버지와 어머니 사이에 내가 서서 찍은 사진이 있다. 늘 부모님을 그리워하며 옛날을 회상하면서도 무엇이 그리 바쁜지 부모님을 매일 대면하지 못한다.

남매였던 어머니는 외삼촌이 젊은 나이에 병으로 사망하고 졸지에 외동딸이 되어 외할아버지가 돌아가시자 외할머니를 돌아가실 때까지 모시고 살았다. 물론 아버지의 조력이 있었기에 가능한 일이었다.

내가 초등학교 3학년 때 돌아가신 외할머니는 외손자 외손녀들을 무척 예뻐하셨다. 성품이 착하신 외할머니의 외동딸인 우리 어머니께서는 72세의 일기로 세상을 떠나실 때까지 정도를 걸으셨고 천사 같다는 주위의 칭송을 많이 받았다.

어쩌면 어머니는 평생을 타인과 다툼 한 번 안 하시고 가족과 이웃을 잘 챙기셨다. 시골 동네라 많은 주민은 아니지만 이웃 어른들의 생신날이나 제삿날을 참 열심히 챙기셨다. 지금처럼 고가의 선물은 아니지만 이웃의 대소사에 꼭 정을 표시하셨다. 그 선물을 배달하는 일은 주로 작은 언니와 내가 담당했다. 어머니께서 정성껏 싸주신 선물을 이웃

집에 전해드리고 올 때는 내 마음도 항상 즐거웠다.

특히 어머니께서는 약자에게 더욱 많은 것을 베푸셨다. 오륙십 년대 먹고 살기 힘들 때 부농이었던 우리 집에는 늘 객식구가 많았다. 많은 일꾼이 밭에서 일을 하면 이웃의 아주머니 서너 명이 와서 일꾼들이 먹을 점심, 제누리, 저녁밥을 하고 집으로 돌아갈 때는 아주머니들께 먹을 음식을 한 보따리 싸 주셨다. 누구든 배고프면 안 된다고 집에 남아있는 가족들이 먹을 수 있게 넉넉하게 인심을 쓰셨다.

고운 마음으로 집 꽃밭이며 정원에 꽃나무를 키우시며 내 집에 든 사람은 그냥 보내면 안 된다고 한 끼라도 밥을 먹여 보내셨다. 또 집안에 세면실이 없던 시절에는 어머니는 아버지 세숫물을 떠다 대령하였고 출장을 가시고 안 계셔도 아버지 진지를 떠서 식는다고 아랫목에 이불을 덮어 놓으셨다. 가장을 잘 섬겨야 집안이 화목하다는 어머니의 말씀과 행동이다.

남편과 자식들을 위해서라면 못 할 게 없었던 어머니! 틈틈이 옥수수와 채소를 팔아 자식들이 통장에 저금하도록 하셔서 늘 아들딸이 저축상을 받아왔다. 어머니의 특별한 교육은 절약 외에도 "착하게 살아라, 악한 끝은 없어도 선한 끝은 있다"며 자식들이 착하고 올바르게 살기를 강조하셨다.

그렇게 정도만 걸으시고 착하게 살던 어머니께서 간경화와 당뇨병으로 병마와 싸우다 돌아가셨는데, 4년 동안 한

림대학교 '춘천성심병원'에 입원과 퇴원을 반복하면서 어머니 병간호는 내가 전담했다. 병원에 한 달 이상 입원해야 하기에 아버지와 함께 오셔서 늘 특실에 입원하시기 때문에 부모님과 나는 한방에서 오랜 시간 함께했다.

  내과 전문의 최문규 선생님이 어머니 수명이 길어야 4년이라는 진단을 내렸기에 나는 더욱 병간호에 신경을 쓰게 되었고, 의사 선생님의 진단처럼 어머니께서는 4년의 투병 끝에 이승을 떠나셨다.

  백세가 훨씬 넘으신 어머니!

  지금 생각해도 신기하다. 어떻게 사람이 화내거나 다투지 않고 모든 것을 감싸고 사랑을 베풀 수 있을까, 늘 동네 어른들이 너희 어머니는 천사 같다고 칭송하며 천명에 한 명 있을까 말까 한 사람이라고 입을 모았다.

  그런 인품 좋은 어머니가 오늘은 더욱 보고 싶다.

—2024년 《춘천여성문학》 32집 어머니 특집에 수록

척야산 문화수목원

　김창묵 동창만세운동 기념사업회 회장이 척야산 문화수목원을 홍천군에 기부했다고 한다. 홍천군 서석면과 내촌면 사이에 사비를 들여 조성했다는 척야산 문화수목원은 공지 시가로 32억 5,700여만 원에 달한다고 한다. 홍천군 개청 이후 역대 최고 기부액 규모라고 한다.

　올해 103세인 김창묵 회장은 서석면 수하리에서 태어나 서울 남대문 시장에서 사업을 시작해 자기 재산으로 '동창만세운동기념사업'을 펼쳐왔다니 참으로 대단한 사람이다. 반평생 일구어 온 수목원을 고향을 위해 기부한다는 것은 생각처럼 쉽지 않을 것이다. 가진 자들이 더 많은 재물을 모으려고 혈안 되어있는 세상에, 자식에게 유산으로 남겨줘도 될 재산을, 이렇게 고향을 위해 베푸는 선행은 타고난 그의 후덕한 성품일 것이다.

　남대문 시장에서 사업을 시작해 성공한 김 회장은 양말 노점상을 거쳐 재봉틀 두 대를 가지고 속옷을 만들어 팔기도 했고, 이후 중고군수물자를 사고 파는 일이 번창해 호황을 누렸고, 1980년대 사업이 커지면서 사장님 소리를 듣게 되었단다. 이렇게 고생하며 모은 재산을 미련 없이 고향을 위해 기부하기는 쉬운 일이 아니다. 홍천군은 김 회장의 뜻을 기리기 위해 2024년 11월 20일 오전에 기부채납 협약식을 한다고 했다.

그 척야산수목원을 2022년 어버이날과 사월 초파일, 주일이 함께 들어있는 묘한 날에 다녀왔다. 내 기억으로는 처음 있는 경험이다. 가족들은 여럿이 모여 즐거운 외출을 준비하는가 하면 부처님을 모시는 불자들은 사찰을 찾기 위해 아침부터 부지런 떨어야 했고, 성당이나 교회에 다니는 사람들은 저마다 자기가 다니는 성당에서 미사를 드리고, 교회에 다니는 교인들은 교회에서 예배를 보고 난 후 부모님이나 자식들과 함께 외식도 하고 나들이도 했을 것이다.

그런데 이 복잡한 날에 교통정리라도 하듯 날씨가 따뜻하지 못하고 을씨년스러워서 외출을 포기한 가정도 있지 않을까 싶다. 흐린 날씨에도 우리 가족들은 춘천에서 가까운 홍천 내촌면에 있는 척야산수목원을 찾았다. 생각 외로 관광객이 꽤 있었다. 그리 높지 않은 산 같은데도 기후 차이가 많이 나는지 춘천에는 거의 피었다 지고 없는 철쭉꽃이 만발하여 척야산이 그야말로 붉게 물들었다. 또 꽃향기가 유독 향기로운 것은 동창 마을 자체가 공기가 맑아서 그럴 것이다.

수목원에 들어서자 여러 기의 비가 있다. 광개토대왕 비를 비롯하여 윤희순 의병가 비, 안사람 노래 가사도 새겨져 있고 발해석등, 민족정기, 동창4.3독립운동 비, 백범일지 중에서 발췌한 김구 선생의 〈나의 소원〉 외에도 학창시절 교과서에서 배웠던 이순신 장군의 시조도 있었다. 그 앞에 멈춰서 한참 추억에 잠기기도 하고, 그 시조를 지금까지 외우고 있다는데 자부심을 느끼기도 했다. 선조 28년(1595)에 임진왜란으로 온 나라가 혼란하던 시절 나라에 대한 걱정을 표출한 이순신 장군의 시조다.

한산섬 달 밝은 밤에

한산섬 달 밝은 밤에 수루에 혼자 앉아
큰 칼 옆에 차고 깊은 시름 하는 적에
어디서 일성호가는 나의 애를 끊나니

 잘 가꾸어진 수목원 등산로를 따라 오르며 기분이 상쾌하다. 그곳에는 자연 그 자체도 구경거리이지만 유명한 사람들의 붓글씨도 새겨져 있고 시(詩)도 돌에 새겨져서 관광객들에게 볼거리를 제공하고 있다. 거기다가 무료입장을 하면서 사람들은 더욱 즐거워한다. 어떤 아주머니는 화장실에서 나오면서 돈도 안 받으니 화장지값도 안 나오겠다고 말하면서도 공짜 입장에 기분이 좋아 보였다.
 척야산 아래는 동창 마을이 있다. 참으로 오랜만에 동

창 마을에 갔다. 전국적으로 이름을 날리는 예술원 회원이신 전상국 소설가의 고향이기도 해서 오래전 춘천문인들이 동창 마을에 갔었는데, 그 후 몇 번 가기는 했지만 참 오래 된 일이다. 지금은 동창 마을과 척야산수목원이 어우러져 명소가 되었다. 동창 마을 하면 떠오르는 것이 '기미독립만세운동'이며, 이 고장의 보배이신 동창기업 회장이신 남강 김창묵 선생님을 생각하게 된다.

나라 위해 목숨 바친 님들의 숨결이 모여 있는 동창 마을!

역사의 한 페이지를 장식하고 조국의 후손들을 맞이하시는 님들의 이름을 가슴에 새긴다. 나라 위해 목숨 바친 선조들의 나라 사랑을 우리도 따라가야 할 것인데 아직 길은 먼 것 같다.

구경을 마치고 춘천 관문에 들어서자 꽃이 거의 지고 없는 철쭉꽃 무더기를 보면서 조금 전 보았던 척야산수목원의 꽃들이 방끗 웃으며 내게로 달려온다. 5월의 싱그러운 수목원의 꽃들을 내 마음속에 꼭꼭 간직하며 오늘 하루도 즐거웠다. 이것이 가정의 달 5월을 의미하는가 보다. 오늘은 어버이날이다.

―2025년 《강원문학》 57집에 수록

화천 나들이

　오랜만에 화천으로 나들이를 갔다. 일주일을 모두 바쁘게 살다가 일요일에는 딸과 손자 손녀와 함께 만날 수 있는 날이다. 자영업을 하는 딸이 일요일에 쉬게 된 것은 올 초부터였다. 그래서 우리는 거의 일요일마다 만나 외식도 하고 카페에 가서 차를 마시며 하고 싶었던 이야기로 시간을 보내는데, 화젯거리도 세대에 따라 대부분 다르지만, 이 시간에도 손자 손녀의 눈과 손은 여전히 휴대폰에 머물러 있다.
　열심히 일하느라 시간이 없어 운전에 능숙하지 못한 딸이라 운전은 언제나 내 몫이다. 오늘은 어디로 갈까 의논하다가 모처럼 화천 쪽으로 가자고 제의하는 내 의견에 모두 찬성이다. 아예 딸네 집에서 점심을 먹고 화천으로 출발했다.
　화천으로 가면서 딸과 손자 손녀에게 열심히 설명한다. 여기는 언제 매운탕을 먹으러 왔던 길이고, 여기는 지난 봄에 벚꽃을 보러 왔던 곳인데 너무 늦은 시간에 와서 벚꽃 감상을 제대로 못 했으니 내년에는 오전에 일찍 나와서 벚꽃 구경도 하고 맛있는 점심도 먹자고 하였더니 "예, 그렇게 합시다" 하고 합창한다.

여기는 춘천댐인데 바로 가면 원평리 유원지를 지나 신포리와 지촌리를 지나서 화천으로 가는데, 우리는 춘천댐 못 가서 우회전하여 고탄을 지나 화천으로 간다고 알려주며, 송화초등학교 앞을 지날 때에는 이 학교는 화천군에 속하는 것이 아니라 춘천시에 속해 있다는 설명도 잊지 않고 해준다.

내가 차를 운전하고 가면서 아이들에게 이렇게 설명하는 이유는, 요즈음 학생들은 휴대폰에 매료되어 차 안에서 바깥을 내다보는 게 아니라, 휴대폰으로 무엇인가 열심히 하다가 목적지에서 내리기 때문이다. 웃기는 얘기로 우리 손녀가 고등학교 3학년인데 같은 학교를 3년이나 다녔어도 학교 가는 길을 모른다는 사실이다. 그 이유는 앞에 말한 대로 차에 타서 내릴 때까지 휴대폰만 보고 있으니 집에서 학교까지 어디를 경유해 왔는지 모르는 것이다.

그래도 내가 길을 설명할 때는 잠시라도 밖을 내다볼 기회가 생기니까 계속 설명 겸 안내를 하는 것이다. 화천이 가까워지자 손자 손녀는 공기가 싱그럽고 맑다고 아주 좋아한다. 춘화로를 달려 화천 대교를 건너자 손자는 화천이 정말 예쁘고 깨끗하다고 찬사를 보낸다. 산천어축제장 둑길을 지날 때 손자 손녀는 더욱 좋아한다. 어릴 때 찾았던 산천어축제장을 추억하며 신바람이 난 것이다.

뒷자리에 앉은 딸과 손녀는 어느 카페로 갈까 열심히 카페를 고르는 중이다. 둑길 끝 회전교차로에서 시내 쪽으로 돌아 조금 가니 왼쪽에 카페가 있는데 3.1 만세운동기념공원 옆이라 더욱 깨끗하고 싱그러운 강바람이 불어온다. 카페는 가봤던 카페 중에 공간이 제일 좁은 카페였다. 우리는 주문을 하고 바깥테이블에 자리를 잡았다. 나는 막간을 이용하여 사진 몇 장을 찍었는데 해가 비춰 그림자가 생겨 사진을 많이 찍을 수가 없었다.

차를 마시고 3.1공원을 한 바퀴 돌며 구경하고 춘천으로 돌아올 때는 반대편 길로 접어들어 화천읍과 사창리로 갈라지는 옛 삼거리 검문소를 지나, 지촌리와 신포리를 경유해 서면을 통과했다. 신포리 광산골을 지날 때는 예전에 이 골에 금광이 있어 금을 많이 캐냈다는 옛이야기도 들려주었다. 금광이 있었다는 것에 모두 신기해한다. 특히 장거리 드라이브를 즐기는 손녀에게 오늘 여행 만족하느냐고 물으니 OK라는 대답이다. 저녁으로 모두가 좋아하는 바지락칼국수 집에 가서 바지락칼국수로 저녁을 먹고 아이들을 내려주고 집으로 왔다.

저녁 늦게 집에 들어오면 주차할 곳이 없어 주차장을 빙빙 돌거나, 중간에 핸드브레이크를 풀어서 주차했다가 다음날 첫새벽에 나가서 차를 이동시키는데, 오늘은 빈 주차장도 여러 군데 있었다. 모두 휴일이라 좋은 곳으로 가을 구경을 갔을까, 어쨌든 나는 차를 바로 주차할 수 있어 마음이 홀가분하다. 차를 주차장 중간에 주차한 날은 새벽부터 빈자리 찾아보느라 베란다에서 자주 내다보게 된다. 어떤 이들은 하루 종일 그렇게 세워두는데 그런 일은 내 적성에 맞지 않아 빨리 빈자리를 찾아 차를 바로 세워야 하기 때문이다.

손자 손녀가 어른이 되기 전에 할머니와의 추억을 부지런히 만들어야 하겠다. 늘 우리 할머니 최고라고 엄지손가락을 쳐드는 아이들에게 멋지고 좋은 할머니로 남고 싶다는 생각을 하며 오늘 하루도 즐거운 마음으로 마무리한다.

―2023년 《강원문학》 55집에 수록

횡성 호수 길을 걸으며

늦가을 춘천에 아침부터 비가 내린다. 외출할 생각을 안 하고 있는데 딸이 전화했다. 오빠가 단풍 구경을 가자고 한다는 것이다. 서리가 와서 단풍잎이 모두 고개를 떨구고 빨간색은 갈색으로 변했는데 무슨 단풍 구경이냐고 하면서도, 일요일은 주로 아이들과 시간을 맞추다 보니 거절할 이유가 없다. 문제는 출발 시간이다.

딸도 휴일이라 이것저것 할 일이 많아 그 일을 해놓고 12시 30분에 출발하자고 한다. 횡성은 춘천에서 가까운 곳이니 그래도 된다고 생각하고 딸과 손녀를 태우고 아들과 만나기로 약속한 원주휴게소로 갔다. 잠시 후 아들 차로 옮겨 타고 아들이 가는 대로 가다 보니 횡성댐 쪽으로 가고 있었다.

고속도로 휴게소에서 만나기로 했으니 당연히 고속도로로 가는 줄 알았는데, 곧바로 횡성 요금소를 빠져나가서 댐 쪽으로 가니 한편 반갑기도 했다. 같은 강원도 땅이라도 처음 가는 곳이다. 늘 궁금증을 안고 가보려고 했으나 지금까지 가지 못했던 횡성댐으로 가고 있으니 기대가 된다. 횡성댐은 어떻게 생겼을까 가족 모두 처음 가는 곳에 호기심을 가지고 목적지에 도착했다.

문제는 입구부터 차량들이 꽉 차서 주차할 곳이 없다. 할 수 없이 앞차를 따라 되돌아 나와서 남의 집 담 밑에 빈자리가 있어 차를 세웠다. 뒤따르던 차도 우리 차 바로 뒤에 다 세운다. 표를 사 가지고 안으로 들어가니 그곳에는 넓은 주차장이 있다. 홍보가 부족했다. 주차장이란 글씨에 화살표 하나만 그려 놓았어도 처음 방문하는 관광객들이 쉽게 주차장을 찾을 수 있는데, 안내하는 사람도 되돌아 나가라고만 하지 돌아서 주차장이 있다는 것을 말하지 않았다.

넓은 주차장은 거의 비어 있고 입구에는 주차를 못 해 차들이 빙글빙글 돌아다닌다. 표를 내고 호수 길로 입장하는 입구에서는 입장권을 받고 횡성 지역 상품권을 도로 내주니 무료 입장인 것이다.

호수 길에 접어드니 춘천에서 보던 소양강댐, 의암댐, 춘천댐과는 전혀 다른 호수가 펼쳐진다. 그냥 길과 호수가 맞닿아 있어 조금만 발을 헛디뎌도 금방 호수로 빠질 것 같은 두려움이 앞선다. 호수 길을 걸으며 아들딸에게 춘천에 있는 댐과 많이 다르다는 것과 소양댐 이야기를 들려줬다. 매년 한 번씩 용너미길을 오르는 얘기며, 올해는 소양댐이 생긴 지 50년이 되는 해라 지난 10월 21일에는 용너미길에 등을 달았다는 뉴스도 들었고 수몰민 마음을 달래기 위해 망향비도 세웠다는 신문기사를 보았다는 말도 잊지 않고 전했다. 지방 신문에서 본 내용을 자세히 들려주는 것이다. 우리 아들딸이 다섯 살, 세 살 때부터 소양댐을 구경 다니기 시작해서 지금까지 참 많이도 다녔다.

어떤 수몰민은 소양댐에서 고향 쪽을 바라보고 엉엉 울었다는 기사도 읽었다. 고향이란 누구에게나 편안한 안식처다. 그 고향과 고향집에 다시는 가볼 수 없다는 허탈감은 고향이 댐 물에 잠긴 마을 사람들이나 도로에 고향집을 빼앗긴 사람이나 고향집을 그리워하기는 마찬가지다.

춘천에 살면서도 소양댐 용너미길을 한 번도 걸어보지는 못했다. 올라가는 길이라 미리 겁먹고 아예 도전을 안 하는 것이다. 그러니 횡성 호수 길을 처음 와본 것은 당연한지도 모르겠다. 그래도 횡성 호수 길은 평지여서 걷기가 좋았다. 호수를 끝까지 돌면 시간이 오래 걸려 다른 곳에 못 간다고 아들이 오던 길로 되돌아가자고 한다.

아들 차는 이번에는 고속도로로 들어서더니 제천으로 간다고 한다. 춘천과 달리 비가 오지 않아서 다행이다. '제천' 하면 제일 먼저 떠오르는 곳이 '의림지'다. 여고 2학년 때 경주 불국사로 수학여행을 갔을 때 경유했던 추억의 장소다.

그런데 아들의 차는 '배론성지' 주차장에서 멈추었다. 이곳도 와 보기는 처음이지만 길을 달리며 배론성지 안내판을 보면서 여기가 '지영이' 있는 곳이라고 일러주곤 했었다. 가슴이 두근거렸다. 지영이를 만날 수 있을까, 지영이는 바로 아래 여동생 딸인데 일찍 이승을 떠나 원주 교구인 이곳 배론성지에 잠들어 있다. 우리 딸과 동갑인데 반년 일찍 태어나 우리 딸에게 언니가 된 지영이다.

성당에 다니지 않는 나는 좀 생소하기도 했고 "베론성지 관광안내"라는 글자를 보면서 더욱 의아했는데, 휴일이라 가족 단위나 연인, 친구들과 많은 사람이 들어가고 나오고 한다. 안내문을 보아도 납골당 표시는 없다. 많은 건물을 두루 살펴보아도 알 수 없다.

이곳에는 춘천과는 달리 빨간 단풍이 아름다운 자태를 뽐내며 가는 가을을 향해 마지막 발악을 하듯 저녁 햇살에 더욱 붉고 아름답게 보인다. 오늘 단풍 구경 오기를 잘했다는 생각이 든다. 이제는 내년이 되어야 붉은 단풍을 볼 수 있을 것이다.

이미 시간은 5시가 다 되어가는데, 누구에게 물어보고 납골당을 찾을 사이도 없이 아쉬운 발길을 돌려 아들은 한 곳을 더 가야 한다고 서두른다. 잠시 후 도착한 곳은 그 추억의 장소 '의림지'였다. 의림지 옆에 차를 세우자마자 환영이라도 하듯 빗방울이 떨어지고 있다. 모두 우산 펴기 싫다고 차 안에서 차창 밖으로 내다보며 "아, 멋있다"를 연발하며 차에서 나올 생각이 없단다. 차에서 내린 나는 우산도 안 쓰고 소나무 밑에서 비를 하나도 안 맞는다고 하며 추억을 찾아 왼쪽으로 오른쪽으로 둘러보았지만, 워낙 오래된 세월이라 그때 사진을 찍었던 비슷한 나무도 찾아내지 못했다. 오래전에 문학회 행사로 두어 번 더 다녀오기는 했는데 그래도 머릿속에 남아있는 것은 학창시절 수학여행 추억이 제일이다.

늦은 시간이라 주위 관광지는 더 구경 못 하고 다음에 다시 오기로 약속했다. 차를 돌려 근처에서 저녁을 먹고 나와 원주로 출발하는데 일기예보대로 비가 쏟아진다. 아들이 원주휴게소까지 데려다주어서 그곳에서 다시 내 승용차로 갈아타고 춘천에 왔는데 아련한 추억 때문인지 기분이 그렇게 좋을 수가 없다. 피곤하지도 않다. 이래서 추억은 아름답다고 하는가 보다.

―2024년 《강원문단》 4호에 수록

| 제2부 |

나는 걸스카우트 출신이다

연화도(장수, 출세, 화목)

가르친 보람을 느끼며

오늘도 마음이 즐겁습니다.

춘천 남부노인복지관에서 수강생을 가르친 지 어느새 10년이 넘었습니다. 처음 몇 년은 수강생들 작품전시회를 하지 않았지만, 올해로 '제6회 청춘 예찬 평생학습축제'라는 이름으로 20일 동안 전시회도 하고 전시회 과목이 아닌 반 수강생들은 작품발표회를 하면서 하루를 즐겼습니다.

코로나바이러스는 전시회도 발목을 잡았습니다. 지난해에는 전시회를 열기는 했는데 코로나19 예방접종 3차까지 맞은 사람만 관람을 허용했기에 누구는 구경할 수 있고 누구는 전시장에 들어갈 수도 없는 어처구니없는 일이 벌어졌는데, 올해는 그런 규제를 받지 않고 전시회를 하게 되어 수강생들 마음도 즐거웠을 것입니다.

오늘 민화반은 1년 동안 그렸던 그림 중에서 1인당 2점씩 작품을 제출했습니다. 또 지난 목요일과 오늘에 이어 한지공예반 수강생도 작품 2점씩을 출품했습니다. 물론 전시회에 처음 참여하는 수강생도 있습니다. 학창시절에도 못 해봤던 작품전시회를 노인이 되어서 한다며 한바탕 웃기도 합니다.

바쁜 일정을 마치고 집에 와 회상해 보니 10년 세월의 일들이 머릿속에서 빙빙 돌아갑니다. 우리들은 누가 칭찬을 하거나 상을 주면 좋아합니다. 받는 사람도 좋고 주는 사람도 즐겁습니다.

복지관 개관과 동시에 수업을 시작했던 한글반과 수필반에서도 좋은 일이 많았습니다. 2년 동안 수필반 수업을 하면서 수필 작가를 15명이나 배출했습니다. 잘 가르쳤다기보다는 모두 젊은 시절 한가락 하던 분들이라 그 저력으로 열심히 글을 썼기 때문에 가능한 일이었습니다. 또 다른 이유라면 문학 장르는 등단하기 좀 수월하다는 점입니다.

겨우 이름자 쓰면서 한글을 배우러 오셨던 한글반 수강생들은 고령에도 정말 열심히 한글을 배우셨습니다. 한글을 배워 시를 지어 평생학습축제 때 전국에서 우수상을 수상한 회원과 강원도 내에서 장려상을 수상한 회원이 나왔습니다. 더 많은 회원이 상을 받았으면 좋았겠지만, 시가 잘 써지지 않아서 못쓰기도 하지만, 이웃사람들이 한글 모르는 것을 알까 비밀로 공부하는 처지라 그런 글쓰기를 거부하는 것입니다.

수업 시간에 아는 사람들이 볼까 봐 유리문을 커튼으로 가려놓고 수업을 하곤 했습니다. 그래도 두 사람이라도 상을 탔기에 다행입니다. 시를 쓴 어르신들의 사연은 눈물겹습니다. 한국전쟁 중 아홉 살에 엄마를 잃고, 열한 살 오빠와 아버지를 위해 집안의 안주인 노릇을 하느라 학교 근처에도 못 가보고 칠십 세가 넘어 한글을 배우러 오셨다는 사연과 〈나도 이제 편지를 쓰고 읽을 수 있다〉는 제목으로 시를 쓰신 어르신은 일찍 부모를 여의고 어린 남매들만 살다가 결혼을 했는데, 한글 모르는 것을 남편에게 말하지 못했는데 그만 남편이 사우디로 돈 벌러 가는 바람에 남편이 보낸 편지를 읽지 못해 초등학생 딸이 집에 오기를 기다렸다가 편지를 읽어보라고 하고 친정 여동생에게 답장을 써 달라고 부탁하면서 살았는데, 남편이 귀국 후 그 사연을 알고 노인복지관에 한글 배우러 오는 것을 적극 도와주고 있다는 것입니다.

한글반 수강생 모두가 가슴 아픈 사연을 지니고 있답니다. 시대를 잘못 만나서 또는 딸로 태어나서 산간벽촌에 살아서 동생들 업어 키우라고 학교를 안 보내줘서 눈물로 살았다는 그 이야기를 하면서 팔구십 세에도 부모를 원망하시곤 합니다.

같은 해에 시작한 한지공예반은 3명이 한지공예 작가로 등단했는데 보통 5~6년이 걸렸습니다. 공예나 서예, 그림은 주어진 점수를 채워야 작가가 되기 때문에 단 한 번의 응모로 작가가 되는 문학에 비하면 그만큼 시간이 많이 흘러야 합니다. 또 2~3년 정도는 배워야 공모전에 도전할 수 있는 실력이 되기 때문입니다.

이 나이(육칠십)에 작가는 따서 무엇에 쓰냐고 하면서도 도전하는 수강생들의 마음은 청춘이고 활기찹니다. 제일 늦게 수업을 시작한 '민화반'에서도 올해 2명이 제16회 대한민국민화공모전에 도전하여 모두 입선했습니다. 민화는 이제 시작이니 민화 작가가 언제 탄생할 지는 모르지만 수업 시간이면 재미있어하고 열심히 그림을 그립니다. 밝은 미래를 바라보며 열심히 가르치고 있습니다.

내가 아는 것을 다른 사람들에게 전수하는 일은 보람이 있습니다. 더욱 노인복지관에서의 수업은 더 큰 보람을 느낍니다. 그야말로 모두 제2의 인생을 시작하기 때문입니다. 재능기부를 하기도 하고 강사료를 받기도 하면서 즐거운 노년을 보내고 있으니 강사 생활도 즐겁습니다.

10년이란 세월이 흐르는 동안 나이는 열 살씩 더 먹었습니다. 그래도 10년 전 그때를 생각하며 청춘으로 살아가기를 기원하며 나도 그렇게 살려고 합니다.

—2024년 《한국문학인》 봄호에 수록

걷는 길에서 나를 반겨주는 것들

　아침 일찍 걷기 운동을 하려고 밖으로 나왔다. 언제나 반갑게 대해 주는 같은 통로 주민이 벌써 어디를 다녀오면서 오히려 나보고 어디를 일찍 가느냐고 묻는다. "운동하러 가는 거예요" "운동도 하시는구나" "그럼요, 바지 입고 나오는 날은 운동하러 가는 거예요"라고 했더니 "운동도 하셔야지요. 항상 가르치는 일만 하지 말고 운동하세요"라며 아파트로 들어가고, 나는 차를 그늘진 곳으로 옮겨 세우고 차 안에서 운동화를 꺼내 갈아신었다.
　아파트 후문을 빠져나가 산밑 나무다리로 걸어서 그린공원 쪽으로 가는데 덥다고 3일 안 나갔더니 몸이 무거운 것 같다. 신호를 기다려 큰길을 건너려는 데 파란불 보행 신호에도 트럭 한 대가 사정없이 달린다. 저런 것은 만나지 말아야 할 것인데, 하며 큰 길을 건너 화장실 앞을 지나가는데 화장실 기둥에 기대어 피어있는 접시꽃이 어서 오라고 손짓한다. 아예 화장실도 들리고 접시꽃 사진도 찍었다.
　출렁다리 입구 쪽에는 몇 팀이 의자에 앉아 쉬고 있다. 나도 평상에 잠시 앉았다가 출렁다리로 올라갔다. 나와 비슷한 연배인데 엘리베이터를 타려고 그 앞으로 간다. 나는 보란 듯이 계단으로 올라가 그들 뒤를 따라 출렁다리를 건넜다. 더운 한낮에도 출렁다리 위는 시원하다는 것을 얼마 전 경험했기에 기분 좋게 건너갔다. 물 위에 있는 다리라 그런지 시원한 바람이 나를 반겨준다.

둑길에 들어서자 걷는 사람들이 많아졌다. 갖가지 옷차림에 뛰는 사람, 걷는 사람, 자전거 타는 사람 등등 수도 없이 지나가지만 나를 반기는 사람은 아무도 없다. 모두 낯 모르는 사람이다. 나도 반겨줄 사람이 없다. 그중 기억에 남는 사람은 수녀복을 입은 수녀님을 둑길에서 서로 지나가며 만났는데 둑길 아래쪽 길로 올 때 수녀님도 그 길로 되돌아가며 또다시 만나게 되어 인상적이었다.

하지만 주위에는 나를 반기고 내가 반기는 자연경관이 일품이다. 둑길에서 건너다보면 레고랜드, 춘천대교, 서면 마을도 보이고, 되돌아오는 길에는 역시 언덕 위에 있는 MBC 방송국 건물과 의암호에 떠 있는 오리 배가 일품이다.

또 보행자 편의를 위해 춘천시 도로과에서 길을 넓히는 작업을 하는데, 그 작업이 어느 정도 진행되었나 보는 것도 내 즐거움이다. 휴일에도 구슬땀을 흘리며 용접 작업을 하는 옆을 지날 때면 그 길을 걷는 자체도 미안하기도 하다. 좁은 둑길을 두 배로 확장하니 내년 봄 벚꽃이 만발하면 시민과 관광객이 더 많이 모여들 것이다. 새로 마루를 깔아 만든 길은 길을 걸으며 벚나무와 손을 잡을 수 있는 위치라 더욱 좋아할 것이다. 내년 봄을 기다린다.

공지천 물 위에 떠 있는 카페도 지나고 이디오피아카페를 지나 조각공원으로 건너오면 나무가 많아 시원한 그늘이 나를 반긴다. 이 공원에도 여러 갈래의 길이 있어 수시로 길을 바꿔 다닌다. 공원을 지나면 그늘이 없는 호반교를 건너야 집으로 갈 수 있다. 더위를 피하려고 걸음은 더욱 빨라진다. 다리를 건너자마자 우측 길로 들어서면 바로 내가 사는 아파트 울타리 옆을 지난다.

아파트 울타리에는 장마철이면 피는 능소화가 활짝 피어 반겨준다. 자세를 낮춰 꽃 사진을 찍는다. 해마다 보는 꽃이지만 늘 귀엽고 예쁘다. 나를 반겨주던 대자연과 헤어져 아파트 후문에 들어서면 중간에 우리 아파트가 있어 집으로 올라간다.

1990년 10월 25일부터 입주를 시작했는데, 우리는 이틀 뒤인 27일에 입주해 지금까지 35년째 살고 있다. 요즈음은 아파트 벽 도색도 새로 하고 주차선도 새로 그어 새로운 기분이 든다. 지은 지 오래되었어도 주변 환경이나 자연경관이 좋아 사람들이 선호하는 아파트다.

―2025년 7월

꼬마 튀김만두

춘천 중앙시장 부근을 지날 때면 잊고 살았던 꼬마 튀김만두가 생각난다. 며칠 전부터 튀김만두를 사 먹어야지 하면서도 늘 운전하고 다니기에 주차할 곳이 마땅치 않아 그냥 지나고 만다.

오늘은 손녀가 명동에 친구를 만나러 간다기에 데려다주고 마침 점심 시간대라 시장 부근에 차를 세우고 분식집으로 갔다. 경쟁하듯 두 집이 나란히 붙어있다. 그래서 밖에 나와 만두를 튀기는 주인이 보이는 집으로 간다. 양쪽 집 모두 사람이 없을 때는 가는 방향에서 가까운 집으로 들어가서 만두를 사 오니 굳이 단골을 따질 필요도 없다.

내가 이 튀김만두집을 찾는 것은 50년 추억의 인연을 찾는 것이다. 아들딸이 초등학생일 때 많이 찾았던 식당이다. 시장길 건너편에 있던 춘천 중앙초등학교에 다니던 학생들과 시장에서 직선거리에 있던 춘천초등학교 학생들이 문전성시를 이루던 좁은 분식집에는 꼬마 튀김만두, 떡볶이, 라면이 인기다.

오래전에 다섯 살배기 손자 손을 잡고 분식집에 갔다. 엄마와 외삼촌이 어린 시절 즐겨 먹었던 튀김만두였다고 손자에게 사 주었더니 처음 먹어보는 손자도 만두가 맛있다고 잘 먹는다. 식당 안에서 만두를 먹어보기는 몇십 년 만이다. 꼬마손님들이 벽이 모자랄 정도로 빼곡히 써 놓은 낙서를 보던 손자가 유난히 크게 보이는 '호' 자를 발견하고 "할머니, 내 이름이 저기 있다"고 신기해한다. 이제 한글에 눈뜨기 시작한 손자가 자기 이름자를 보고 큰 반응을 보인 것이다.

그 손자가 지금은 영어도 척척 하리만큼 커서 군생활을 하고 있고, 좁은 분식집을 드나들던 내 아들딸은 오십 줄에 들어설 만큼 세월이 흘렀다. 그 분식집도 아버지가 하던 식당을 지금은 아들이 대를 이어 운영한다. 빠른 세월 뒤로는 모든 게 이렇게 변한다. 예전에는 세 집이었는데 지금은 두 집밖에 없다.

시장을 걸어서 지날 때면 튀김만두집으로 눈이 먼저 간다. 문전성시를 이루던 그 시절은 추억에서나 찾아야 하고 가끔 서너 명이 줄을 서서 튀김만두 나오기를 기다리거나 아예 줄 서 있는 사람이 없는 날도 많다.

칠팔십 년대 단골손님이던 '중앙초등학교' '춘천초등학교' 학생들이 없다. 그 시절 춘천시내에서 제일 크고 학생 수도 제일 많았던 두 학교는 아파트 붐에 밀려 신설 초등학교에 학생들을 빼앗기고 십여 년 전에는 폐교 이름이 오르내릴 정도로 작은 학교가 되어버렸다.

어느 날 꼬마 튀김만두를 사러 가서 몇 사람 뒤에 줄을 서서 기다리는데, 미리 주문했는지 젊은 여자 손님이 만두를 한 보따리 안고 나온다. 아마 직장에서 단체 주문을 한 모양이다. 이렇게 이 식당 손님은 지금도 여전히 젊은이들이 주를 이룬다.

내가 가끔 이 꼬마 튀김만두를 사 오는 데는 두 가지 이유가 있다. 세월이 흘렀어도 옛 맛 그대로라는 것과 두 번째 이유는 만두소에 고기가 들어가지 않았기 때문이다. 만두를 사 가지고 집에 와 만두 봉지를 풀어 그릇에 담으면 향긋한 튀김만두 특유의 냄새가 추억의 향기를 뿜으며 싱긋 웃는다. 함께 싸준 양념간장에 만두를 찍어 먹으면 그렇게 맛있을 수가 없다.

중앙초등학교 학부모였던 엄마들이 선생님과 함께, 또는 엄마들끼리 바로 옆에 있는 레스토랑 '함지'에서 양식을 먹으며 즐거운 시간을 보낼 때 우리 아이들은 그 좁은 분식집에서 튀김만두를 먹었을 것이라는 생각을 하니 조금은 미안한 마음이다. 그래도 내 아들딸이 별 탈 없이 잘 커줘서 고맙고 다행이다.

아주 가끔 이 분식집에 가서 꼬마 튀김만두를 사 오며 내 젊은 날의 추억을 찾는다. 또 이젠 엄마 아빠가 된 아들딸의 추억도 함께 찾아준다. 아들딸이 어린 시절 한 집에만 가지 않았을 것이니 나도 이 집 저 집 드나들면서 50년 인연의 추억에 젖어본다.

―2024년 《춘천여성문학》 32집에 수록

꿈속에서 길을 헤매다

어제는 추석 연휴도 끝나는 날이라 2개월 만에 서울에 갔다. 민화 수강생이 부탁한 몇 가지 재료를 사 와야 하는데 무더운 여름 날씨에 선뜻 서울로 갈 생각이 나지 않았다.

실은 새벽에 길을 헤매다 잠에서 깨어났기에 서울에 가야하나 말아야 하나 갈등이 생겼다. 그래도 다른 날보다 좋을 것 같아 서울로 가기로 정하고 '인간극장'과 '아침 마당'이 끝난 후 부지런히 남춘천역으로 걸었다. 다른 때는 ITX를 타고 가는데 오늘은 전철을 타고 여유 있게 다녀오리라 생각하고 가서 그런지 전철을 탔는데 지루하다는 생각이 들지 않았다.

인사동에서 민화 재료를 사고 종로 5가에 들려 점심도 먹고 시장 구경도 하고 동대문역에서 청량리까지 갔는데, 4시 51분에 청량리에서 출발하는 전철이 있다. 빨리 가는 것이 좋아 ITX를 타는데 오늘도 매표소에서 남춘천 표를 구매했는데 여직원이 빨간 색연필로 표시해 준 15시 55분에 내 눈과 마음이 머무르고 있다.

'1시간을 기다려야 하네' 생각하고 롯데백화점에 들어가 구경도 하고 대합실에서 여유롭게 사진도 찍으며 기다려도 시간은 빨리 가지 않는다. 개찰구로 가는 중간에 놓인 의자에서 카톡과 문자 온 것을 다시 보며 3시 30분에 일찍 내려가 기다린다고 개찰구에서 표를 입력시키니 문이 안 열린다. 세 군데서 찍어도 자꾸 카드를 넣으라고 나오는데, 마침 저쪽에 직원이 있기에 이 표가 문이 안 열린다고 했더니 "아니, 이미 떠나고 없는 기차니 당연히 안 열리지요" 한다.

 가만히 있으면 50점인데, 잘난 척하면 빵점이라고 하듯이 가만히 있기나 할 것을, 3시 55분 기차인데 이제 3시 30분인데 왜 기차가 갔느냐고 하자 "3시 55분이 도착 시간이에요" 하는 것이다. 그런데 나는 1시간이나 기다리면서 출발 시간인 3시 1분은 아예 보지도 못하고 있었다. "그럼 어떡해요?" 물었더니 창구에 가서 반환하고 다음 차로 바꾸면 된다고 하여 뛰어가니 바로 옆 창구에 자리가 되어 상황을 얘기하니 그럼 4시 4분 차로 드릴게요 하여 표를 받아 들고는 이번에는 아예 기차 타는 곳에서 기다려야지 하고 내려갔는데 에스컬레이터에서 내리자마자 춘천 가는 ITX가 도착하고 사람들이 우르르 기차로 들어간다.

 나도 아무 생각 없이 눈앞에 보이는 6호 칸에 올라 8호 차까지 가서 내 자리에 가니 젊은 남자 손님이 앉아 있다. "여기가 내 자리인데요" 했더니 자기 표를 다시 확인하더니 내 표를 보자고 한다. "이 표는 다음 차인데요" 하는 순간 기차는 벌써 출발했으니 내릴 도리가 없다. 다행히 자유석에 손님이 두 명뿐이라서 자유석에 앉아서 검표원이 오면 이대로 춘천까지 가도 되는지 아니면 평내호평에서 내 자리가 있는 4시 4분 차를 30여 분 기다려야 하나 물어볼 생각 중인데 직원이 차표 검사를 한다.

사정 얘기를 듣던 직원은 그냥 남춘천역까지 가서 얘기하라고 했다. 미안하기도 하지만 어쨌든 기분은 좋다. 30여 분 춘천에 일찍 도착하게 되었으니까 말이다. 남춘천역에서 개찰구에 표를 대니 삑삑 소리만 요란하게 난다. 비상 창구 벨을 눌러 문을 열어달라고 했더니 표를 받으며 문을 열어준다.

"그 표 다음 차인데 잘못 탔어요" 했더니 직원이 웃으며 "예" 하더니 "원래는 이 차를 타시면 안 되는 거예요" 하길래 "시간을 안 보고 차를 잘못 탔는데 문이 닫혀서 못 내렸어요" 하며 나도 한번 웃어주고는 집으로 향했다. 아직 해가 있으니 기분이 좋다.

나는 초등학생일 때도 곧잘 맞는 꿈을 꾸었다. 성수대교가 무너지던 날도 다른 어느 나라에 다리가 무너져 아우성인 꿈을 꾸고 깨었는데 아침 등굣길에 성수대교가 무너져 학교 가던 무학여고 학생들이 많이 희생되었다. 가끔씩 큰일이 있을 때마다 그와 비슷한 꿈을 꾸어서 마음이 개운하지 않은 적도 있고, 사촌 오빠와 올케언니가 죽는 꿈을 꾸었는데 그 며칠 후 사촌 올케 부고가 와서 오빠와 올케언니한테 미안하기도 했다.

서울 가는 날 새벽에도 물을 건너고 물가에 난 산비탈 길을 겨우 빠져나가 사다리를 타고 앞사람을 따라 올라가려는데 앞에 간 사람은 간데없고 다락방 같은데 갇힐까 봐 조바심하다 잠에서 깨어 서울 가는 것을 망설였는데 이렇게 기차를 제대로 못 타 헤맬 것이라고는 정말 꿈에도 몰랐다. 다음부터는 꼭 출발시간부터 확인해야지, 큰 경험이고 꿈 땜을 제대로 했다.

―2024년 9월

나는 걸스카우트 출신이다

2023년 세계잼버리대회가 새만금 일대에서 열리고 있는데 계속 속상한 뉴스만 나온다. 전라북도에서 준비가 제대로 안 되어 각국에서 참석한 많은 대원들이 불편을 겪는다는 것이다. 행사 준비 미흡과 부실 운영으로 제일 많은 인원이 참가한 영국을 비롯하여 미국, 싱가포르 대원들이 퇴소를 결정했다니 안타까운 일이다.

나는 중·고등학교 6년을 걸스카우트 대원으로 활동하면서 봉사도 많이 했고 행사도 많이 다녔다. 60년대에 우리나라 전국 걸스카우트대회를 강릉에서 개최했는데, 그 행사를 계기로 강릉시에 처음으로 경포바닷가에 상수도가 들어왔다. 물론 '영부인 육영수 여사'가 한국걸스카우트 임원이어서 바닷가에 상수도가 놓였을 것이다. 짠 바닷물 속에서 물놀이를 하고 경포 솔밭 사이에 세워진 탈의실에서 몸을 씻으며 우리들은 즐거워했다.

전국대회를 강릉에서 개최하면서 많은 대원들을 만날 수 있었고, 또 서울 미8군단 내에 있는 걸스카우트 대원들이 강릉을 방문했을 때 스카우트 활동을 열심히 한 덕분에 고등학교 걸스카우트 언니들 틈에 우리 중학생도 네 명이 뽑혀 담당선생님과 강릉비행장으로 마중 나갔던 일도 회상하며 추억에 잠겨본다.

여고 2학년 때 경주수학여행길에 자매결연을 맺었던 해군사관학교를 방문했는데, 그다음 해에 진해 해군사관학교 생도들이 우리 강릉여자고등학교를 방문했을 때도 걸스카우트 대원들이 참여하여 학교 안내도 하고 함께 즐거운 시간을 보냈는데 해군사관학교에서 나를 안내해주던 생도도 다시 만나 반가웠다. 이름은 이판태라고 했다.

학부모가 된 후에도 아들딸이 보이스카우트와 걸스카우트 단원으로 활동했기에 학부모로 각종 행사에 참여하며 스카우트의 중요성과 보람을 느낄 수 있었다. 아들딸 스카우트 행사에 학부모도 많이 참여했기에 엄마들도 스카우트 대원이 된 기분이었다.

그리고 30여 년 전 강원도 고성군에서 세계잼버리대회를 개최한다고 서울에서 고성으로 가는 빠르고 편한 길로 춘천학곡리를 경유하여 구봉산과 느랏재를 지나 홍천 국도와 합류하는 새 길을 만들었다. 따라서 도로 옆에는 휴게소와 주유소, 식당이 많이 생겼지만 대회가 끝나고 몇 년 뒤에는 다니는 차량이 없어 휴게소와 주유소는 폐업을 했고, 식당도 하나 둘 문을 닫아 승용차를 운전하여 그 길을 다니는 것도 을씨년스러웠다.

이렇게 발전하고 폐허가 되면서도 강원도 고성에서의 세계잼버리대회는 성공리에 마쳤고 역사에 남을 만큼 강원도에서 큰일을 해내며 추억으로 남겼다.

그런데 이번 행사는 부족한 준비 탓으로 첫날에는 맨바닥에서 잠을 잤다는 뉴스부터 자연 그늘이 없어 열사병으로 쓰러지는 대원들도 많았으며, 벌레에 물린 대원들도 많다니 즐거운 행사에 먼 한국까지 와서 웬 고생이냐 싶어 조기에 짐을 꾸리는 나라도 있다니 뒷일이 걱정이다. 이런 상황에서도 전라북도와 여성가족부는 서로 네 탓이라고 책임을 떠넘긴다는 뉴스는 더욱 실망스러웠다.

신문에는 행사장을 박차고 나온 덴마크 대원들이 강원도 속초에 다시 자리를 잡아 속초 관광을 하고 있단다. 이어서 계속 잼버리대회장에서 일정을 소화할 수 없다는 판단으로 강원도 춘천 남이섬, 평창 월정사, 속초 신흥사에서 마지막 일정을 소화한다니 역시 자연환경이 뛰어난 강원도가 고향이라는데 자부심을 느낀다. 서울에서도 대원들이 묵을 예정이라는데 나머지 일정을 후회 없이 재미있는 추억으로 만들었으면 좋겠다.

신문기사 내용을 빌리자면 이번 세계잼버리행사에 158개국에서 4만 3000여 명의 청소년들이 참가했다는 것이다. 1992년 고성잼버리대회 이후 32년만에 한국에서 열리는 두 번째 행사인데 2018 평창동계올림픽 때처럼 성공적인 행사였으면 얼마나 좋았겠는가 말이다.

걸스카우트대원으로 활동하며 조건 없는 봉사정신과 단체생활에서의 시간관념과 공중도덕을 중시했고, 개척자로도 연습을 했다. 산행을 할 때나 목적지를 향해서 먼 거리를 걸어갈 때는 한꺼번에 가는 게 아니라 조를 짜서 앞 조가 가면서 남겨놓은 흔적, 즉 돌멩이를 쌓아 놓거나 천을 나무에 매어 놓은 신호를 보고 목적지에 도착했을 때 그 기분은 이루 말할 수 없이 기쁘다.

그곳에서 야영을 즐기며 나뭇가지를 주워다 불을 지펴 밥을 하고 찌개를 끓여 먹었는데 지금은 산불 낸다고 혼나거나 범칙금을 물어야 할 것이다. 그때는 그것이 도전 정신이었다. 도구를 가지고 가지 않아도 밥을 해먹을 수 있다는 자신감을 심어주었다.

제대로 준비 못 한 주최측의 실수로 세계를 떠들썩하게 만들었던 세계잼버리대회가 좋지 않은 뉴스로 각국의 신문 지면을 채우고 있다니 안타까운 일이다.

그런 와중에 서울 인사동에 갔는데 스카우트 단복을 입은 외국 대원들이 인사동 편의점에서 캔음료와 과자를 들고 나와 바닥에 앉아 먹고 있는 것을 보고 정말 미안했다. 영어를 잘 못하니 격려를 할 수도 없고 그냥 손을 흔들며 웃었더니 따라서 손을 흔들며 웃는다.

그래도 행사장 인터뷰에서 텔레비전 화면을 통해 외국인 대원이 "한국 정말 좋아요. 참 재미있어요" 하는 모습을 보면서 가슴이 뭉클하다. 부정을 긍정으로 받아들이는 청소년들이 세계 각국에 많이 있다면 지구촌의 미래가 밝지 않겠는가.

―2025년 《춘천문학》 37집에 수록

내 고향 평창의 새 역사

아침 일찍 고향을 향해 달렸다. 다른 날처럼 운전하며 혼자 가는데 마음이 허전하다. 오늘 고향 가는 목적은 좋은 일인데 오 일 전에 세상을 떠난 언니를 생각하니 서글픈 마음이 든다.

새말부터 영동고속도로에 들어서자 차량은 밀리기 시작했고 길이 얼까 염화칼슘을 뿌리는 차가 연속으로 세 대나 줄을 서서 달리고 있다. 추월선으로 두 대를 지나 세 번째 차를 지나는데 분사액이 옆 차선 차량을 뒤덮는다. 자동차는 금방 엉망이 되었고 횡계IC를 빠져나가는 데만 30분이 걸렸다.

다른 때 같으면 문학행사장으로 가는 길은 언제나 즐거웠는데 오늘은 그런 기분이 아니다. 우리 남매들 중 고향에 제일 오래 살았던 언니가 설을 얼마 남겨놓지 않은 1월 29일에 77세의 나이로 생을 마감했다.

1월 30일이 '한국수필가협회' 총회이고 2월 5일 월요일은 복지관 개강이라 미장원에서 파마를 하고 집에 와 저녁을 먹는데 언니의 부고 소식이 왔다. 다음날 서울로 가려던 발길은 강릉으로 향했다. 총회를 하는 시간에 눈물로 언니의 입관식을 하고 그다음 날 춘천에 있는 '부활성당'이란 납골당에 모셨다. 언니도 가톨릭 신자이지만 언니 아들은 춘천 교구의 모 성당의 주임 신부다.

  오늘 2월 3일은 강원 예총 행사로 고향인 횡계리에서 '평창문화올림픽 대축제'가 열리는 날이다. 강원문인협회에서는 평창동계올림픽을 내용으로 쓴 시 육십 편을 전시하기에 구경도 하고 작품도 가져올 겸 길을 나섰는데, 마음은 우울하고 차는 막히고 특히 횡계로 진입하는 길은 통과하는 차보다는 들어가지 못하게 하는 차량이 더 많았다. 이해는 가는 상황이다. 그 많은 차량을 횡계로 들여보내면 좁은 동네에 주차할 곳이 없는 것은 당연하다.

  내 고향을 코앞에 두고도 들어가지 못하고, 새로 난 길로 돌아 반대편에서 횡계로 진입하는 데도 무엇을 물어보는지 통과하는 차는 별로 없다. 내 차례가 되어 "횡계에서 점등식 행사로 문인협회에서 시화전을 하기에 행사장에 가야 한다"고 해도 들었는지 못 들었는지 "그럼 횡계에 사세요?" 하고 묻기에 살지는 않지만 고향이기에 웬만한 곳은 다 알고 있기에 그렇다고 대답했더니 그제야 통과가 되어 텅 빈 도로를 전세 내듯 혼자 달려 아버지께서 근무하시던 농협을 시나 아버지 오빠 언니 동생들이 다니던 성당 마당으로 들어가 차를 세웠다. 고향 땅 밟기가 이렇게 힘들기도 오늘이 처음이다.

  또 요즈음 날씨는 얼마나 추운가. 더욱 춥기로 이름난 대관령 횡계의 칼바람을 맞으며 행사장을 찾아갔다. 회장님을 비롯해 준비하고 있던 회원들이 반갑게 맞아준다. 또 고향이란 점을 배려해 내 작품을 맨 앞에 전시해 놓았는데 몇 분 어르신이 구경을 오셨는데 '조합장 딸'이라고 했더니 알더라며 전해주는데 아버지를 만난 듯 반가웠다.

시화를 구경하는데 누가 나를 찾는다 하기에 앞으로 가보니 전혀 모르는 여성과 외국 남성 두 명이 서 있었다. 이번 전시는 작품을 영어로 번역하여 한글과 함께 넣어 시화를 제작했으니 외국인도 시화 작품을 보기에 불편함이 없었을 것이다.

내 시 제목이 〈내 고향 평창의 새 역사〉라 고향에 대하여 몇 가지 물어보고 동계올림픽이 고향에서 열리는 소감을 인터뷰해달라고 요청하여 그러겠다고 대답하고 강원문인협회 회장님을 소개했다. 작품을 구경하고는 윗사람 허락을 받고 취재하러 올 테니 좀 기다려달라고 한다.

이번 시화전에 가는 목적은 첫째로 작품을 감상하고 내 작품을 가지고 오는 것이지만, 더 큰 목적은 점등식 주변에서 열리는 행사와 전경을 보고 글을 쓰려고 했던 것이다. 하지만 생각과 달리 날씨는 춥고 바람은 거세고 밖으로 나가기 싫어 난로 앞에 비스듬히 앉아 사선으로 보이는 공연장에서 공연하는 예술인들의 춤을 구경하는데, 그들은 얼마나 추울까 그 추운 날씨에 얇은 공연복을 입었으니. 그래도 '평창문화올림픽'이라는 자존심을 지키기 위해 웃음으로 공연장을 아름답게 수놓았다.

얼마 후 취재진이 왔다. 천막 속도 추워 죽겠는데 다른 곳에서 취재를 하자고 한다. 바로 옆에서 공연하고 있어 말소리가 들리지 않을 것이니 할 수 없이 그렇게 하자고 했는데, 분위기를 살린다며 하필이면 횡계 벌판 다리 위에다 자리를 잡았다. 날씨는 점점 추워지고 눈 쌓인 다리 밑에서는 더욱 세찬 바람이 치고 올라왔다.

우리나라에서는 볼 수도 없고 인터넷으로도 볼 수 없다는 '올림픽 방송 OBS'라고 하는데 외국인 남자들은 네덜란드와 독일 사람이고 전주가 고향이라는 여성이 통역하며 인터뷰는 시작되었다.

오십 년대 썰매 타는 얘기부터 올림픽이 열리기까지 고향이 발전하며 변모한 모습과 학창시절 스키를 타봤느냐는 질문에 "조금은 타보았다"고 대답할 수 있었던 것은 스키의 고장 횡계에서 태어난 특권이었다. 고향에서 올림픽이 열리는 소감, 무엇을 생각하며 시를 썼느냐는 질문 등 추운 날씨에 인터뷰는 꽤 오래 계속되었다. 통역으로 인터뷰하니 곱절의 시간이 걸렸다.

시를 읽어줄 수 있느냐는 질문에 외우지 않아 낭송은 못하고 낭독은 할 수 있다고 하면서 다리 위에서 내 시화 작품을 보며 낭독을 하였다.

내 고향 평창의 새 역사

스키선수를 많이 배출한 평창 횡계
꿈으로 익어가던 내 유년의 추억이
설원 위를 날고 있는 동화의 나라

지구촌 사람 위해 환한 미소 지으며
Yes, 평창 외치면서 이루어낸 새 역사
2018 평창동계올림픽!

그날 위해 울고 웃던 지난 그 세월
성공으로 솟아오른 강원인의 힘
세계 속에 우뚝 선 내 고향 평창

너도 나도 얼싸안고 춤추고 노래하며
2018년 꿈을 향해 뛰어라 날아라
높이높이 날아라 축제의 하늘로

설원을 달리는 지구촌 사람들이
평창의 하늘에 만국기 휘날리며
승리 위해 싸우는 세계인의 축제장

시 낭독이 끝나고 이어서 강원문인협회 김양수 회장님이 시화전을 열게된 동기와 강원문인협회에 대한 인터뷰를 하고, 고향에 왔으니 시가지를 걷는 것도 찍어야 한다는 주문에 둘이서 다리 위에서 데이트하는 걸로 촬영은 끝이 났다.

전시장으로 돌아오는데 어찌나 추운지 걸음이 제대로 걸어지지 않았다. 물론 바지에 부츠 차림이라 내 평상시 차림이 아니어서 더 어색했을 것이다.

고향에 왔다고 제정자 수필가가 저녁을 사줘서 맛있게 먹고, 춘천으로 돌아오는 길에 옛날 우리 집이 있던 부근을 돌아보았는데, 날은 어둡고 많아진 건물 때문에 구분이 어렵다. 우리 집이 있던 옆으로 중학교가 이전했다는 것을 알고 있기에 학교 간판을 보고 입구로 들어가 보았으나 교문 앞에서 길이 끊겼다. 교문 안으로 들어가 차를 돌려 춘천으로 오면서 많은 생각에 잠긴다.

부모 형제란 고향이란 가족이란 무엇이기에 이렇게 내 마음을 애타게 하는가. 맺어진 연결고리를 끊고 이별해야 하는 우리 인생의 무상함이 야릇한 마음으로 고동친다. 살아 있는 동안 내 삶에 충실해야 하겠다. 고향이 발전하여 세계 속에 우뚝 서며 새 역사를 쓰듯이 나도 새로운 역사를 만들어야 하지 않을까 고민해 본다.

이제 며칠 남지 않은 동계올림픽, 각국의 선수들은 승리를 위해 죽을힘을 다해 싸우겠지. 우리들은 언제나 경쟁 속에서 승리와 패배를 맛보며 살아가고 있다.

내 고향 평창군 대관령면 횡계리 정말 새 역사에 한 획을 그었다. 세계 속에 어깨를 나란히 하며 안고 온 2018 평창 동계올림픽 개최는 대한민국의 자랑이며 내 고향 강원도 평창의 자랑이다.

―2018년《한국수필》3월호에 수록

들깨향

딸네 집 발코니 빨간 화분 속에는 심지도 않은 들깨 한 포기가 자라고 있다. 양지바른 곳이라 많지 않은 화분이지만 꽃 색깔은 태양을 머금고 선명한 색으로 피어난다. 딸네 집에 가면 가끔씩 화분에 물을 주는데 어느 날 내 눈이 멈춘 곳은 들깨의 보금자리였다. 어느새 싹이 트고 자라서 키도 20cm는 되고 잎도 일곱 장이나 나왔는데 그것이 들깨라는 것을 이제야 알게 되었다.

늘 습관처럼 마른 흙에 물을 주는 의례적인 행사였는데, 오늘은 내 손이 그 들깨 잎을 건드린 것이다. 들깨 향이 나를 향해 달려온다. 깜짝 놀라 자세히 보니 틀림없는 들깨였다. 심지도 않은 들깨가 언제 여기에 자리를 잡았을까, 흙도 매년 있던 그 흙이고 들깨를 집안에서 만진 적도 없는데 그렇다고 바람을 타고 날아와 앉을 만한 위치도 아니다. 어쨌든 화분에는 들깨가 자라고 있다.

나는 그 늘깨 향에 매료되어 딸네 집에만 가면 늘깨를 흔들어 깨운다. 그때마다 들깨 향은 누구를 유혹하려는지 진하고 맛있는 향내를 뿌리며 집안을 배회한다.

유년시절부터 들깨는 흔하게 보아온 식물이다. 또 들깨로 짠 들기름도 많이 먹고 자랐다. 그러나 그 들깨 향이 이렇게 좋다고는 느껴보지 못했다. 미역국이나 황탯국을 끓일 때 기름으로 볶다가 물을 부으면 우유를 푼 듯이 뽀얀 국물이 된다. 들기름을 듬뿍 먹은 미역국이나 황태국은 들기름 덕분에 들깨 향만큼이나 식욕을 돋우어 준다.

예전에는 등 따시고 배부르면 아무 걱정 없다고 하였다. 별 의미 없는 말 같지만 큰 의미의 말이다. 먹을 것이 있고 등이 따뜻하게 누울 수 있는 집이 있어야 근심 걱정이 없다는 얘기다. 집 있고 먹을 것 있는데 무슨 걱정일까, 그러나 5~60년대의 우리나라 사정은 그렇지 못했다.

내가 중학생일 때도 학교에 도시락을 싸 오지 못하는 친구가 있었고 단칸 셋방에서 많은 식구가 웅크리고 사는 집도 많았다. 그러니 향기 짙은 들기름이나 참기름도 마음껏 먹을 수 없었을 것이다.

마침 KBS1 텔레비전에서 방영하는 인간극장에서는 외국에서 사업을 하던 여자가 경기도 연천에 있는 남자를 만나러 왔는데 처음으로 둘이 만나던 날 들깨 농사를 짓던 시골 농부가 일하던 채로 들깨 향을 풍기며 약속장소에 나갔는데 그 여자는 첫만남에서 그 들깨 향에 취해 그 남자와 결혼을 하고 들깨 농사를 지어 기름을 짜서 들기름을 판매하며 벌써 6년째 행복하게 살고 있다고 나온다.

그 방송을 보며 실감했다. 도시에 살던 사람이 들깨 향이 얼마나 좋았으면 첫눈에 반해 결혼까지 하게 되었을까. 들깨 향이 맺어준 부부는 늘 깨소금을 볶듯이 고소한 향내를 풍기며 살지 않을까 싶다. 올봄에 처음으로 내가 느꼈던 들깨 향을 다시 한번 음미해 보았다. 슬그머니 들깨 향이 추억을 불로 일으킨다.

어린 시절 농촌이던 우리 집은 밭에 들깨도 심었는데 그 깨가 자라서 깻가루와 들기름이 되기까지는 꽤 많은 시간이 걸렸다. 깻잎이 무성할 때는 잎을 따다 반찬도 해 먹고 가을이면 대를 베어다 깨를 털면 우르르 쏟아지는 깨알 틈에 섞여 나오던 벌레를 보고는 뒤로 도망치듯 물러서곤 했다. 깨를 바로 먹어야 하기 때문에 농약을 칠 수 없었기 때문이거나 아니면 그 벌레들도 들깨 향에 이끌려 모여들었을지도 모른다.

어머니와 아랫집 친구 시자 어머니는 키로 찌꺼기와 벌레를 날려 버린 후 물에다 여러 번 씻어서 말린 후 방앗간에 가서 들기름을 짜 오셔서 이웃과 나누어 먹었다. 이렇게 매년 새로 짠 들기름을 먹으면서도 들깨 향이 좋다고 느끼지 못했는데 올해 새삼 들깨 향에 취하고 말았다.

문득 내년에는 화분에 들깨를 심어놓고 라벤더 향을 맡듯이 맡아볼까 하는 생각이 든다. 향수 냄새보다 더 향기로운 들깨 향을 왜 예전에는 그 많은 들깨를 보고도 이런 향기를 느끼지 못했을까.

예전의 좋은 자연환경에서 맑은 공기 중에 들깨 향이 멀리 퍼져나가며 사람들의 코를 자극하지 못했을 것이다. 하지만 요즈음은 탁해진 공기에 그것도 아파트 발코니라는 좁은 공간에서 자연의 향기를 내뿜는 들깨 향은 내 코를 자극하고도 남았을 것이다.

들깻잎을 다시 흔들어 본다. 향내가 코를 향해 달려온다. 언제나 그 자리에서 자연산 향수를 뿌려줄 들깨를 보며 향기는 누구에게나 환영받는 존재이기에 행복하리라는 생각이 든다.

올여름에도 동서가 옥수수를 가져가라고 하여 동서네 밭에 갔는데 참깨 들깨를 많이 심어 놓았는데 참깨는 벌써 많이 자라서 내 키를 따라오고 있는데 들깨는 절반도 자라지 않은 것을 보니 들깨와 참깨가 자라는 속도가 틀린 것 같다. 올가을도 동서가 방앗간에서 새로 짜온 들기름을 한두 병은 줄 것이니 그 들기름으로 음식을 만들어 먹으며 들깨 향에 취해보고 유년의 행복했던 추억 속으로 살며시 걸어가 보리라.

—2021년 7월

버리지 못하는 습관

나이도 많이 먹었는데 아직도 버리지 못하는 습관을 영 못 버리고 있다. 학창시절 내가 썼던 노트부터 사십 대 중년인 아들딸이 초등학생일 때 썼던 일기장을 비롯해 옷, 그릇, 자잘한 생활용품 등 쉽게 버릴 수 있는 물건들도 매번 이유를 붙이면서 버리지 못한다.

아파트 분리수거장에는 오늘도 화장대, 서랍장, 장롱, 침대까지 버려져 있다. 주인 잃은 물건일까 주인에게 버림받을 물건일까 생각하며 하루에도 그 옆을 몇 번씩 지나다닌다. 내가 보기에는 아직 쓸만한 물건들이다. 가끔은 다른 주민이 그 물건을 가지고 가는 것도 볼 수 있다.

버려진 물건 중에 내 눈에 들어오는 것은 가구에 붙어 있는 조그만 손잡이들이다. 비싼 것도 아니고 그 하찮은 물건에 눈이 가는 것은 한지 공예를 하면서 매번 많은 고리와 손잡이를 사 오기 때문이다. 나는 돈 주고 사 오는데 누구는 저렇게 막 내다버리나 하면서도 그 고리를 빼 오지 않는 것은 내가 어려서부터 남이 쓰던 물건은 안 쓰는 습관이 있기 때문이다.

언니들이 입던 옷도 절대로 안 입고 새 옷만 입던 습관이 지금까지 왔으니 어디 그것이 하루아침에 변하겠는가, 며칠

이 지나면 내가 눈여겨보았던 부품은 물론 가구들은 부서지고 찢기어 소각장으로 끌려간다.

　남들은 저렇게 잘 버리는 물건을 나는 왜 못 버릴까 생각하면서도 실천에 옮기지 못하는 향수병 같은 병이다. 이것은 누가 준 선물이라 못 버리고 이 옷은 몇 번째 생일 선물이라 못 버리고 조그만 플라스틱 용기도 한지공예 만들 때 작품 밑에 받쳐 놓아야 하고, 조그만 도자기접시는 민화 그릴 때 물감을 개어서 써야 하기에 버릴 게 하나도 없는 것 같다.

　심지어 승용차 핸들 커버를 새로 갈았는데 쓰던 커버를 버리려고 하니 이게 또 머리를 복잡하게 만드는 게 아닌가. 가죽을 여러 조각으로 꿰매 만든 핸들커버인데 시간이 있을 때 한지를 색깔 맞추어 붙이면 또 다른 핸들 커버가 될 것 같아 수년이 지난 지금도 버리지 못하고 보관하고 있다. 이렇게 이런저런 이유를 붙이다 보니 버려야 할 물건을 못 버리는 게 수없이 많다.

　이제 버리는 연습을 해야 하는데 아직 그 일이 익숙하지 않으니 어쩌랴. 어떤 날은 나와 약속한다. 다음에 무엇을 버려야지 그러나 그때가 오면 그 물건을 또 버리지 못하는 것이다. 아깝고 서운한 마음이 앞을 가로막기 때문이다.

　그런데 손자 녀석이 나를 닮아 버리는 것을 싫어하고 옛 것을 좋아한다. 초등학교 2학년 때 옛날 물건 몇 가지를 사다가 자기 방에 진열해 놓고는 '옛날 물건 전시회'를 한다며 손수 초대장을 만들어 나에게 준다. 손자의 마음이 대견하여 날짜와 시간을 지켜 조그만 화분 하나를 사 들고 전시회 구경을 갔더니 서울에 사시는 친할머니께서 오셔서 전시회가 취소되었다고 하였다.

그 이야기를 동생들과 모였을 때 했더니 초대한 손자나 화분을 사 가지고 간 할머니나 똑같다고 하여 웃은 일이 있지만 손자는 여전히 우리 것을 좋아한다. 그래서인지 중학생 때 한국사 2급자격시험에 합격하여 자격증을 땄는데 1급은 대학교에 가서 따기로 했단다.

우리 조상들이 쓰던 옛것을 좋아하는 손자가 또 다른 생각으로 유학을 보내달라고 하여 올여름 캐나다로 유학을 떠났다. 이번엔 내가 똑같은 말을 했다. 유학을 가겠다는 아들이나 거기에 응한 엄마 아빠가 똑같다고 핀잔을 주었다. 대학생도 아닌 고등학생을 왜 타국에서 고생하게 만드나 싶어 야속하기도 하다. 9월 4일이 입학식이라고 하는데 학교에 잘 적응할지 모르겠다.

손자의 짐 속에는 내가 지도에 무궁화를 그린 그림을 보물처럼 싸놓고 '일월오봉도'도 가지고 간다고 달라는 것이다. 지금 있는 작품은 크기도 크고 선시회가 끝나야 하기에 다음에 작은 크기로 그려 주기로 약속했다. 이렇게 우리 것을 좋아하는 손자가 웬 캐나다로 유학은?

손자는 내 물건은 모두 자기 달라고 하고 딸은 이다음에 장가가면 가지고 가라고 한다. 그러면 손자가 달라는 것은 놔두고라도 버릴 것은 버려야 하는데, 그놈의 버리지 못하는 습관 때문에 물건은 여전히 쌓여있다. 어떤 사람은 너무 버려서 걱정이고 어떤 사람은 버리지 못하는 습관 때문에 걱정이다.

  무엇이든 중간만 가면 된다고 보통이면 되는데, 도가 지나치면 고민해 봐야 한다는 것을 알면서도, 그 일을 실천하지 못하는 것은 버리지 못하는 내 습관 탓이다.

  ―2018년 《춘천문학》 30집에 수록

서거리깍두기

시장에서 서거리(명태아가미)와 무를 사 가지고 와서 깍두기를 만들었다. 결혼 전 우리 집에서 겨울 김장 때면 별미로 먹던 김치 중 하나다. 내가 태어난 고향 횡계리는 대관령 하나를 사이에 두고 강릉하고 영서와 영동으로 갈라졌지만, 일상생활에서 집안에 큰 행사가 있을 때면 강릉시장에서 장을 보아 오기 때문에 음식문화도 거의 영동인 강릉 지방의 음식을 해먹는다.

하기에 서거리깍두기도 강릉을 중심으로 바닷가인 영동 지역에서 즐겨먹는 특별한 김치다. 이 깍두기 맛에 길들여진 막냇동생이 결혼 후에도 계속 친정어머니가 해주시는 서거리깍두기를 먹다가 어머니께서 돌아가시자 큰언니가 대를 물려받아 동생 서거리깍두기를 해줬는데, 몇 년 전에 큰언니마저 세상을 떠나자 이 서거리깍두기를 만들 줄 아는 사람은 우리 남매들 중에 내가 유일하게 되었다. 그래서 큰언니 돌아가신 후 몇 번은 깍두기를 해줬는데 몇 년 동안 해주지 않았더니 지난 12월 9일 강릉에 간다고 하였더니 서거리 사다가 깍두기 좀 해주지 하는 것이다.

고향의 맛이 얼마나 그립고, 어머니와 큰언니 생각이 났으면 서거리깍두기를 찾을까 싶어 해주겠다고 했는데, 강릉에서 강원문인협회 이사회가 끝난 후 점심을 먹고 차를 마시며 담소를 나누다 보니 강릉어시장에 들르지 못하고 그냥 춘천으로 왔다.

12일 춘천풍물시장 장날 일찌감치 시장에 나갔다. 생선 파는 곳을 모두 둘러보아도 딱 두 군데에 서거리 파는 곳이 있었다. 집 가까운 쪽에 있는 생선좌판에서 서거리도 사고 무도 사 가지고 집에 와서 서거리와 무를 손질하여 깍두기를 만들기 시작했다.

우선 서거리는 깨끗이 씻어 고춧가루와 엿기름가루에 버무려 놓고 무는 적당한 크기로 납작하게 썰었다. 네모진 깍둑썰기보다 납작하게 썬 무가 간도 잘 배고 김치도 맛있다. 또 서거리에 뼈가 있어 그냥 깍두기를 하면 먹기 나쁘지만 엿기름가루가 뼈를 삭혀주어서 먹기도 좋다. 고춧가루를 미리 버무려 놓지 않으면 무 깍두기에 서거리가 검게 보이지만 고춧가루로 미리 버무려 놓으면 새빨간 서거리가 보기에도 좋고 입맛을 돋우어 준다.

완성된 서거리깍두기를 5등분으로 나누었다. 세 동생과 우리 딸, 내 몫이다. 다섯 통으로 나누다 보니 양은 얼마 되지않지만 그래도 마음이 흐뭇하다. 내가 만든 음식으로 가족들의 입을 즐겁게 할 수 있다는 것도 행복이다. 건강하지 못하면 이런 일도 할 수 없기 때문이다.

딸네 집에는 벌써 갖다줬고, 세 동생은 19일에 연말모임으로 만나기로 했기에 그날 한 통씩 나누어 주려고 발코니에 보관 중이다. 이렇게 먹는 음식에서도 유년의 추억이 새록새록 떠오르는 게 사람들의 마음이다. 동생들이 김치를 먹고 맛있다고 하면 더욱 좋을 것이다.

―2022년 12월

운동화와 구두

중년 이상이면 '우산 장수와 짚신 장수' 이야기를 모르는 사람은 거의 없을 것이다. 우산 장수와 짚신 장수를 둔 어머니의 얘기다. 비가 오는 날에는 짚신 장수 아들의 짚신이 안 팔릴까 봐 걱정하고 해가 나는 날에는 우산 장수 아들의 우산이 안 팔릴까 걱정을 하니 매일 걱정과 불안만 쌓이게 된다.

이것을 어머니가 마음을 바꿔서 해가 난 날에는 짚신 장수 아들의 짚신이 잘 팔려서 좋고 비가 오는 날에는 우산 장수 아들의 우산이 잘 팔려서 좋다고 생각하면 만사에 걱정 없이 매일 기분 좋은 날을 보내게 될 것이다. 이 얘기는 즉 무슨 일이든 부정적으로 생각하지 말고 긍정적으로 생각하면서 살면 즐거운 인생을 살아갈 수 있다는 교훈이다.

운동화와 구두는 내 얘기인데 아버지나 어머니가 운동화 장사나 구두 장사를 안 하니 그나마 다행이다. 요즈음은 모두 구두보다 운동화를 더 많이 신고 다닌다. 심지어 정장 차림에도 구두를 신지 않고 운동화 차림으로 다니는 사람을 흔하게 볼 수 있다. 그런 추세이다 보니 우리 주변의 대형마트에도 서서히 구두점이 사라지기 시작했다. 운동화에 밀려난 것이다.

그러나 나를 기준으로 한다면 운동화 장사는 모두 굶어 죽게 생겼다고 아우성을 칠 것이다. 나도 물론 학창시절에는 여고 3학년 졸업 무렵에 딱 한 번 구두를 산 것 외에는 무조건 학교 규칙에 따라 검은 운동화를 신고 다녔다. 하얀 실내화도 운동화에 속하니 역시 운동화를 많이 신고 다닌 셈이다.

여고 졸업 후 지금까지 거의 구두만 신고 다니고 야유회를 갈 때나 운동을 할 때만 운동화를 신는데, 등산도 좋아하지 않고 야유회도 많이 못 다니고 운동도 많이 안 하다 보니 지금까지 사신은 운동화가 열 켤레도 안 된다. 반대로 구두는 백여 켤레 사 신은 것 같다. 이 정도면 구두공장은 쾌재를 불러야 하고 운동화공장은 통곡해야 하겠지만 나와 반대되는 사람들 덕분에 운동화공장도 살고 구두공장도 살아가는 것 같다.

모두 나이가 들면 구두가 불편해서 운동화를 신게 된다고 하는데, 요즈음은 젊은 세대들도 운동화를 더 선호하다 보니 집집마다 신장이나 현관에는 구두보다 거의 운동화가 놓여있다. 문학회 모임에서도 구두를 신은 나를 보고 언제까지 높은 구두 신고 다닐 거냐고 묻는 문인들이 있다. 설 수 있을 때까지 구두를 신겠다고 대답한다.

우리 집 현관에는 운동화 한 켤레에 내 구두 몇 켤레가 색색이 놓여있다. 구두 색깔을 옷 색깔에 맞추다 보니 무지갯빛 색깔이 골고루 다 있는 것이다. 게다가 아무 색 옷에나

신을 수 있는 하얀 구두와 까만 구두는 서로 모양이 다른 것을 구입해 신다 보니 쌓이는 게 구두밖에 없다.

야외에 나가면서도 운동화 신는 게 익숙하지 않아 주로 굽이 낮은 구두를 신고 다닌다. 나이가 70세를 넘으면서요 몇 년 사이 걷기 운동을 많이 해야지 생각하고 운동화를 신어보니 제대로 맞는 게 없다. 통통하던 발에 살이 빠져서 발이 조금 작아진 모양이다. 몇 년 전에 신었던 운동화가 발에 맞지 않아 헐렁거린다. 이것저것 신어보았지만 신이 커서 걸음을 잘 걸을 수가 없다.

언제부턴가 운동화를 하나 새로 사야지 하면서 신발가게 앞을 지나면서도 사게 안 된다. 자주 신지 않기 때문이기도 하지만 모양이 맘에 들지 않는다. 투박한 운동화는 싫은데 운동화는 거의 투박하게 생겼다. 모양이 예쁘고 내 마음에 꼭 드는 운동화가 없다는 얘기다.

아주 오래전 서울에서 엷은 청바지천으로 된 운동화가 모양도 마음에 들고 양쪽 옆으로 조그만 지퍼도 달려있어 앙증맞고 귀여워서 사왔는데 몇 번 신고 얼마나 오래도록 안 신었는지 어느 가을 동생과 함께 공지천 둑길에 단풍구경을 하고 오다 이디오피아 찻집 앞에서 운동화 밑창 붙인 고무풀이 삭아 한쪽 신발 밑창이 절반은 떨어져 펄럭거려 걸을 수가 없었다. 공지천에 신발 가게가 있는 것도 아니고, 그것도 뒤쪽이면 좀 괜찮은데 앞쪽이 떨어졌으니 질질 끌고 올 수도 없어 동생이 손을 잡고 뒷굽을 땅에 대고 앞쪽은 하늘을 향해 쳐들고 집에까지 왔다. 지금 생각해도 아찔하다. 집이 가까웠으니 다행이지.

신발가게를 하는 가족이 없으니 그나마 구두와 운동화를 마음대로 사면서 구두가 안 팔릴까 봐, 또는 운동화가 안 팔릴까 봐 노심초사하는 일은 없으니 좋다. 요즈음 걷기 운동할 때 신고 다니는 운동화는 누가 보아도 촌스럽고 싸구려로 보인다. 몇 년 전 구두를 신고 서울에 가서 얼마나 많이 걸어 다녔는지 마지막 코스로 들린 인사동에서는 발바닥이 너무 아파 걸을 수가 없었다. 청량리역에서 운동화를 사야지 하고 발을 질질 끌고 전철을 타러 종각지하상가에 들어갔는데 "신발이 쌉니다. 단돈 오천 원"하고 외치는 곳을 보았더니 정말 운동화 위에 5,000원이란 가격표가 붙어있었다.

공장에서 떨이를 해왔는지 모양도 거의 비슷했다. 그중에 가볍게 생긴 운동화를 가리키며 235 사이즈가 있느냐고 했더니 찾아주었다. 구두를 벗고 그 운동화를 신었더니 발이 몸보다 앞서가는 기분이다. 춘천 집까지 잘 신고 왔는데 다음날 운동화를 다시 보아도 내 스타일이 아니다. 그래도 버릴 수 없으니 걷기 운동할 때 신고 나간다. 발에 맞지 않아 헐렁한 예쁜 운동화보다 걸음이 잘 걸어진다. 마음에 드는 예쁜 운동화를 구입할 때까지는 싫든 좋든 이 운동화를 신어야 한다. 운동화는 교실에서 신는 실내화 모양인데 천은 짙은 남색이고 테두리 고무는 흰색이다. 만약에 종각지하상

가에서 이 운동화를 사지 못했다면 청량리역까지 더 많은 고생을 했을 것이다. 그래서 가끔은 마음에 안 드는 이 운동화를 보면서 감사한 마음을 전하며 미소를 짓는다.

―2025년 《강원문단》 6호에 수록

직선과 곡선

　직선과 곡선은 우리 주위에 꽉 찬 공기처럼 늘 함께 할 수 있는 것이다. 내 몸속에 가득 찬 장기들도 직선이거나 곡선으로 되어있다. 화가 나면 화는 목구멍으로 곡선으로 밀고 올라와 직선으로 다른 사람에게 날아간다. 입 밖에 나와서도 곡선으로 서서히 가면서 걸러낼 것은 걸러내고 타인의 귀에 들렸으면 좋으련만 화살처럼 날아간 직선은 그대로 상대방의 마음에 직선으로 비수가 되어 꽂힌다. 이렇게 하여 서로는 마음의 갈등을 겪으며 만나기를 거부하는 사이가 된다.
　우리 몸의 일부분도 직선이거나 곡선으로 되어있다. 머리와 얼굴, 가슴부위, S라인을 원하는 허리도 엉덩이, 종아리까지 모두 곡선이다. 쭉 뻗은 다리의 종아리도 직선으로 생각하지만 이 또한 곡선에 속한다.
　매일 차를 운전하여 직선과 곡선을 지나 목적지에 도착한다. 전국의 도로는 직선이거나 곡선으로 되어있다. 직선만인 도로도 곡선으로만 되어있는 도로도 없다. 특히 내가 살고 있는 강원도처럼 산이 많은 곳은 곡선 도로가 훨씬 많다. 그래도 우리들은 목적지에 도착하기 위하여 직선이든 곡선이든 그 길을 가야 한다.

이렇게 우리 인생사도 수많은 직선과 곡선을 지나 생을 마감하게 된다. 좋은 환경에 태어나 평생을 직선 가도만 달리는 인생은 극히 드물다. 핸들조차 돌리기 힘들 정도로 굴곡진 삶을 살아야 하는 사람들 틈에서 직선과 곡선이 적당히 섞여서 살아가는 사람들, 즉 보통 사람들의 생은 그나마 행복한 삶이다.

나는 쉴 틈 없이 직선과 곡선으로 씨름하며 살아간다. 한지 공예와 그림을 그리기 때문이다. 20여 년 한지 공예를 하면서 많은 직선과 만나고 헤어졌다. 그중 많은 부분은 아니지만 곡선과 만나기도 한다. 한지공예 기초는 보드지로 되어있는 골격으로 틀을 짜서 한지를 바르고 문양을 오려 붙여 작품을 만든다.

골격으로 짠 틀에 한지를 바르는데 직선에는 종이를 바르면 잘 발라지는데 곡선 길은 자동차가 다니기 나쁘듯이 곡선에는 한지가 잘 발라지지 않는다. 초보자일수록 곡선 부분에 쭈글쭈글한 주름이 생기거나 아예 틀에서 붕 떠서 빈 공간을 만들어 내기도 한다.

이렇게 곡선은 사람들에게 유리하지 않지만 잘 이겨내고 나면 한층 아름다워 보인다. 그냥 직선으로 밋밋하게 만든 작품보다 곡선을 넣어 만든 작품은 더욱 아름답고 멋져 보인다.

한지 공예에서는 작품에 붙이는 문양이 작품 전체에 큰 비중을 차지한다. 어떤 문양을 붙이는가에 따라 작품 전체의 분위기가 달라지기 때문이다. 이 문양은 아주 조그만 칼 끝에서 탄생한다. 문양을 만드는 그림도 직선이거나 곡선인데 대부분 사람들이 직선은 잘 오리지만, 곡선은 잘못 오려서 원이 되어야 할 부분이 네모나 세모가 되기도 한다. 곡선을 가면서 이탈하여 직선을 그린 것이다. 이렇게 마음대로 직선을 만들면 작품은 볼품이 없게 된다.

인간이 세상을 살아가는데도 직선으로 가다가 곡선이 나오면 그대로 곡선을 따라가야 하는데 나는 곡선은 갈 수 없다며 곡선을 직선으로 만들다 낭떠러지로 추락하게 되는 것이다. 힘들어도 곡선은 그대로 곡선으로 가야지 무리하게 비리를 저질러 직선을 만들다 보면 곡선보다 더 험난한 길로 가기 마련이다.

그냥 눈으로 보기에는 직선은 날카롭고 곡선은 아름답다. 직선의 빠름만 따르지 말고 곡선의 아름다움을 따라가다 보면 좋은 일이 있을 수도 있다. 곡선은 돌아간다고 생각할 수도 있지만 그 부드러운 곡선은 사람의 마음을 온순하고 부드럽게 만든다.

음식을 먹으면서 직선과 곡선을 가려본다. 내 눈에는 음식에는 직선이라는 자제가 거의 없는 것 같다. 모든 음식 재료는 곡선은 아니라도 둥근 면을 가지고 있으니 곡선에 가깝다. 길이가 긴 편에 속하는 우엉 뿌리도 원추근이라 직선은 아니다. 우리들은 이 곡선으로 된 음식을 먹고 살아서 그나마 마음이 아름답고 착한 게 아닐까 생각해 본다.

사람 몸속에 들어 있는 창자도 곡선으로 옹기종기 모여 있기 때문에 그 좁은 배 속에서 살 수 있지, 직선으로 뾰족뾰족 모여 있다면 내장은 아프고 괴로울 것이다. 이렇게 직선과 곡선은 반대편에 서서 살아간다. 우리는 그 직선과 곡선의 갈림길에서 어느 쪽을 택해야 하는지 잘 판단하여 직선이 되기도 하고 곡선이 되기도 한다. 모든 것에는 직선이 좋고 곡선은 나쁘다거나 곡선은 좋고 직선은 나쁘다는 편견은 버리고 때에 따라 직선이 되기도 하고 곡선이 되기도 한다.

나는 오늘도 대부분 직선인 한지 공예도 만들고 수많은 곡선으로 되어있는 그림도 그리면서 아름다운 작품을 만들기 위해 노력한다. 직선만도 곡선만도 아닌, 직선과 곡선이 함께 있는 절충식이어야 아름답고 멋진 작품이 탄생하기 때문이다.

때론 쭉 뻗은 고속도로나 평야처럼 직선이고 싶고, 또 어느 때는 석양으로 달리는 보름달보다 더 크고 아름다운 둥근 모양의 해를 닮고 싶을 때도 있다. 모두가 아름답기 때문에 가슴으로 안고 싶은 것이다. 글을 쓰면서 그림 화면을 구성하고 그림을 그리거나 한지 공예를 하면서 글감을 찾는 작업도 내게는 즐겁고 행복한 일상이다.

―2024년 《한국수필》 3월호에 수록

학창시절은 추억 창고

어느새 개교 80주년을 맞이하는 모교! 강릉여고가 내 모교라는 것 또한 자랑이다. 졸업한 지 벌써 60년의 세월이 흘렀는데도 오늘 일처럼 선명하게 떠오르는 여고시절. 교복 위에 하얀 칼라 젖히고 분신처럼 따라다니던 책가방은 여고생의 생명이며 미래가 담겨있었다.

평범한 학교생활에 걸스카우트와 아람단 단원으로 활동했던 봉사활동도 늘 나의 학창시절을 즐겁게 했다. 게다가 매년 돌아오는 봄가을 소풍, 교내체육대회는 반찬에 양념을 넣듯이 학창시절에 즐겁고 맛있는 양념감이 되었다. 달리기에 소질이 있던 나는 언제나 반대표로 계주 선수가 되어 하얀 체육복을 입고 바통을 받고 주면서 흙먼지 날리며 운동장을 질주하던 그날도 예절을 배운다고 생활관에서 1주일씩 친구들과 먹고 자던 일도 여고시절 추억 창고 속에 차곡차곡 쌓여있다.

뭐니 뭐니 해도 일성의 학교생활에서 벗어나 경주로 수학여행을 갔던 일은 참으로 아름다웠고 잊을 수 없다. 학교의 관례에 따라 2학년이 되면 매년 경주로 3박4일 수학여행을 떠났다. 우리도 그 행사를 치를 2학년이 되어 경주로 수학여행을 갔다. 가정 형편상 참여하지 못하는 친구들의 부러움을 사면서 떠났던 수학여행! 희비가 엇갈리는 날이다. 여행을 가며 즐거워하는 친구들이 있는가 하면, 가난한 시대에 학창시절을 보낸 친구들이 여행경비를 내지 못해 그렇게 갈망하던 수학여행을 갈 수 없는 현실에 안타까워하던 친구들도 많이 있었다.

대관령 고개보다 더 꼬불거리는 말띠고개를 넘어 경주불국사에 도착했을 때 역사책에서만 보았던 다보탑, 석가탑, 첨성대를 보고 신기해하던 여고생들이 지금은 70대를 맞이했다.

우리 학교와 자매결연을 맺었던 해군사관학교를 방문했을 때의 일도 생생하게 살아난다. 대절 버스에 '강릉여자종합고등학교'라는 플래카드를 걸고 방문했던 해군사관학교에서 자기네 학교는 '강릉여자고등학교'와 자매결연을 맺었지 '강릉여자종합고등학교'는 모른다고 방문길을 막던 진해해군사관학교. 잠시 후 인솔선생님의 설명과 사관학교 책임자가 강릉여고로 직접 전화를 걸어 학교 이름이 달라진 이유를 알고 나서야 해군사관학교를 견학할 수 있었던 웃지 못할 수학여행 속의 일들이 추억 창고 속에서 머리를 쳐들고 일어선다.

난생처음 바라본 부산 앞바다와 대도시의 모습, 제천 의림지 이 모두가 수학여행에서만 누릴 수 있었던 여고시절의 추억이었다.

―2022년 강릉여고 개교 80주년 기념 《강릉여고동문회지》 특집에 수록/25회 심영희

| 제3부 |

이천이십 년 재생 필름

호랑이 가족

드라이브스루

이번 주는 유월 말과 칠월 초가 함께 가는 주일이다. 지난주는 바쁜 일상에도 더욱 바쁜 나날을 보냈다. 사촌 올케의 부고 소식으로 강릉 장례식장을 다녀왔는데, 그날도 나는 오전에 복지관 한지공예 수업이 있는 날이라 수업에 맞춰 12시 10분에 만나기로 약속하고 수업을 끝내고 아파트주차장에 도착하니, 벌써 올케가 운전하고 와서 동생들과 기다리고 있다.

올케 차를 타고 출발하여 조금 가다가 큰동생을 태우고 서울양양고속도로로 들어섰다. 가는 도중에 홍천휴게소에 들려 동생이 사 온 떡과 과일로 점심을 때우고, 강릉동인병원 장례식장에 도착했다. 팔십 세에 접어든 올케의 영정 사진은 평상시처럼 웃으며 시누이들을 맞이한다. 영정에 절을 하고 조카들을 보자 미안한 마음이 앞선다. 올케언니 돌아가기 이틀 전에 올케언니와 사촌오빠가 돌아가는 꿈을 내가 꾸었기 때문이다.

나는 초등학생 때도 딱 맞는 꿈을 꾼 적이 몇 번 있었기 때문이다. 사촌 오빠는 오래전에 돌아가셨는데 부인 데리러 온 모양이다. 7시쯤 강릉을 출발하여 춘천에 도착하여 하룻밤 지나고 다음 날에도 춘천 남부노인복지관 한글반 수업을 잘하고 왔는데, 금요일 오전 택견 운동을 끝내고 집에 들어서는데 "카톡" 하고 울린다. 외출 시 데이터를 꺼 놓았기 때문에 카톡 소리가 들리지 않는다. 데이터 요금도 안 나가서 좋지만 족쇄에서 벗어난 기분이다. 집에 돌아와 카톡 카톡 소리가 울릴 때까지 자유시간이다. 바로 이 카톡 알림이 요즘 춘천을 뒤흔들어 놓은 대형마트 방문자 코로나 검사 받으라는 메시지를 빨리 열어 볼 계기가 되었다.

집에서 걸어서 5분 거리에 있는 대형마트에 30분 정도 쇼핑했던 6월 21 저녁, 그곳에서 확진자가 열 명 넘게 나왔다. 25일에서 27일까지 춘천 시민 2만 632명이 코로나 검사를 받았단다. 나도 그 한자리를 차지해 2시간 넘게 차 안에서 말로만 듣던 '드라이브스루'를 통해 5분 도 채 안 걸리는 검사를 받았다. 네다섯 시간을 드라이브스루를 해야 했던 시민도 많았다고 한다.

코로나 검사를 받는 곳이 미군부대가 있던 곳에 지어진 "봄내체육관" 마당인데 차들이 바로 검사장으로 들어가지 못하고 나는 봄내체육관을 지나 춘천고등학교 부근 4거리에서 명동 쪽과 근화동 쪽에서 오는 차들이 서로서로 사이에 끼어서 춘천역 앞에서 나시 뉴턴을 하여 봄내체육관으로 들어가는 데만 2시간이 걸렸으니 멀리서 온 시민들은 얼마나 많은 시간을 차 안에서 기다려야 했을까.

다음날 여덟 시 전에 '음성'이란 보건소 통보를 받고야 안도의 숨을 쉬었다. 23일 강릉 상갓집에 함께 간 동생들 강릉에서 만난 친척들, 복지관 한글반 수강생, 한지 공예반 수강생, 늘 마주치는 딸네 가족, 생각만 해도 아찔한 순간이다. 그래도 수칙을 철저히 지킨 덕분에 큰 문제 없이 해결된 셈이다.

  드라이브스루 중 장시간 시동을 켜놓고 기다리다 자동차 기름이 떨어졌다는 신문기사를 보고 웃어야 하나, 참담하다. 몇 시간 기다린 보람도 없이 기름을 넣기 위해 줄 섰던 자리를 빼앗겨야 했던 어느 춘천 시민 코로나 검사는 받으셨는지?

  언제 다시 롯데마트에 갈지는 모르지만 오늘도 생필품을 사러 축협하나로마트에 다녀왔다.

―2021년 7월

마스크에서 절반 이상 해제

　오늘 드디어 27개월 만에 실내 마스크 착용이 의무단계에서 권고 단계로 변했습니다. 이것 역시 역사에 남을 일입니다. 2020년 코로나의 춘천 침범으로 전국적으로 10월부터 마스크 착용 의무가 실시되었고, 몇 개월 전 실외 마스크 착용 의무가 해제되었지만 나는 물론이거니와 야외에 나가 보면 마스크를 벗고 다니는 사람은 눈 씻고 찾아야 볼 수 있을 정도로 모두 마스크에 중독된 사람들 같았습니다.
　실내 마스크 착용 해제가 되었다고, 마스크를 벗을 사람이 얼마나 있을지는 의문입니다. 또 해제도 되는 곳이 있고 안 되는 곳이 있으니 헷갈리는 사람도 있을 것입니다.
　나는 코로나 유행 이전에는 마스크를 써 본 적이 없었답니다. 그래서 마스크 착용 시행 처음으로 마스크를 쓰고 아파트 마당에 나섰을 때 딴 세상처럼 마당이 빙글빙글 돌아가는 느낌이 들었는데, 2년 넘게 마스크를 쓰고 외출한 덕에 추운 겨울에도 감기에 걸리시 않고 잘 넘어갔는데, 지난해 11월에는 밤바람을 쐬는 바람에 감기에 걸려서 조금 고생했습니다.
　마스크가 그 무섭다는 코로나바이러스 보다 추운 겨울 밤바람을 더 무서워하고 기 싸움에서 졌나 봅니다. 그래도 다행인 것은 그 기간 동안 코로나에 걸려 목숨을 잃고, 백신접종을 한 뒤 후유증으로 세상을 떠났다는 뉴스를 접하며 그 환경을 잘 이겨내고 살아남은 사람들은 축복받은 자들이라 생각했습니다.

가장 이해할 수 없었던 것은 카페와 식당이었습니다. 들어갈 때는 모두 마스크를 쓰고 들어가지만 음식을 먹고 차를 마시는 내내 마스크를 벗고 있는데 코로나바이러스가 시간 맞춰 물러나고 달려드는 것이 아니니 참 어처구니없는 상황이긴 했습니다.

내가 가지고 있는 마스크를 점검해 보니 참 여러 가지 사연을 품고 있습니다.

2020년 10월부터 쓰기 시작한 마스크가 1년이 넘도록 벗을 수 없게 되자 슬슬 지겨워지기 시작했습니다. 그래서 색다른 변화를 주고자 패션마스크를 사서 쓰기 시작했습니다. 조금은 마음의 위로가 되었습니다. 주위 사람들이 그 예쁜 마스크는 어디서 났느냐고 묻습니다. 서울에서 사 왔다고 답했지요.

그러나 겨울에는 정말 고역입니다. 나뿐만 아니라 안경을 쓰는 사람들은 모두 느낄 것입니다. 마스크 새로 빠져나온 입김이 안경에 서려 앞을 볼 수 없어 아예 벗어들고 가거나 계속 닦아 쓰기를 반복합니다.

내게 민화를 배우는 수강생이 물었습니다. 선생님은 그 비싼 마스크를 몇 번 쓰고 버리면 아까워서 어떻게 하느냐고. 또 설명했지요, 마스크 내피를 보여주며 이렇게 마스크 내피가 있어서 마스크 안쪽 내피에 붙어있는 테이프로 마스크에 붙여 몇 번 쓰고 지저분하면 갈아 끼우면 된다고. 그랬더니 깜짝 놀라며 "그런 것도 있었네요. 저는 속으로 '저 비싼 마스크 몇 번 쓰고 버리면 얼마나 아까울까' 해서 물어보았습니다"라고 합니다.

마스크 종류도 여러 가지입니다. 그러나 '코로나 면 마스크'나 '높새 황사마스크'보다는 '황사 방역 마스크 KF94'가 코로나19 바이러스를 막는 최고의 마스크라고 했습니다.

코로나 시대를 살면서 필수품이 된 마스크를 여러 단체에서도 만날 수 있었습니다. 한국민화협회에서 선물한 마스크와 춘천의 대표 축제인 '닭갈비 막국수 축제' 때 나누어 준 마스크는 춘천시청에서 기증한 것입니다. 낯선 길도 척척 찾는다는 도로명 주소 찾기가 안내되어 있습니다.

한번 쓰고 버리는 일회용 마스크도 여러 모양과 색깔이 있습니다. 패션마스크를 쓰다 보니 그동안 받았던 마스크가 꽤 있네요. 앞으로 마스크 걱정은 안 해도 되는 날이 오기를 기다리며, 이 마스크들을 소중하게 모셔 두었습니다.

마스크 대란이 일어나자 정부에서는 국민들께 골고루 마스크를 보급하기 위해서 마스크 구입 요일제를 도입했습니다. 생년월일 끝자리를 기준으로 마스크 2장~5장을 구입할 수 있는 제도였습니다. 일명 '공적 공급 마스크'입니다.

사업 목적의 홍보에도 마스크가 톡톡한 효과를 보고 있

습니다. 2020년대 초에는 가장 많이 쓰인 단어가 마스크와 코로나19, 백신접종, 비대면, 거리 두기가 아닌가 합니다.

"꼭 결혼하고 싶은 미혼 남녀 행복한 가정을 원하시는 분 연락주시면 잘 맞는 배필을 주선해 드리고, 상담과 교육을 통해 행복한 가정이 되도록 도와드립니다"라는 문구를 쓴 '행복한 가정 만들기 춘천시 본부' 홍보마스크도 받았습니다.

—2023년 1월

머리 염색을 하면서

　코로나 시대에 살면서 미장원에 가는 것도 예전처럼 쉽게 생각할 수는 없는 일이다. 머리를 하면서 마스크를 쓰고 하는 것도 어색할 것 같고 남의 눈총도 받을 것 같았다.
　그래도 좋은 방법이라고 생각해낸 것이 단골미장원에 사람이 없는 시간을 택하여 가는 것이 제일 안전하다고 생각했다. 하지만 이것도 오산이다. 처음 미장원에 들어갈 때는 다른 손님이 없는 것을 확인하고 들어가는데 중간에 손님이 오는 날도 반은 되었다.
　그런데 대부분의 미장원 손님들은 단골이다 보니 주인은 마스크를 썼어도 손님들은 머리를 하기 위해 마스크를 벗은 상태인데 아는 집이라 마음이 편해서인지 잠시도 입을 다물지 않고 이야기 삼매경이다.
　불안한 마음을 느낀 나는 슬며시 옷자락을 잡아당겨 코와 입을 가리고 앉아있다. 그래도 그 사람들은 내 행동을 눈치채지 못하고 계속 얘기를 한다. 남자보다 여자 손님이 더 많은 미장원에서는 세상 돌아가는 이야기에서부터 시작해 정치 이야기, 이웃집 험담까지 쉴 틈 없이 이어진다.
　예전에는 교회가 더 많은가, 다방이 더 많은가 하는 것이 사람들의 관심사였는데 지금은 교회에 비해 카페가 엄청 많이 늘어났지만, 그에 못지않게 미장원도 무시 못 할 숫자로 늘어났다. 같은 건물에 미장원이 함께 있는 곳도 있거니와 같은 동네에도 미장원이 많이 생겼다. 나름대로 단골손님이 있겠지만 이것 또한 경쟁에서 살아남기 힘들 것 같다.

코로나 시대의 미장원은 음식을 먹는 곳은 아니지만 그래도 위험이 도사리고 있다. 바이러스는 콧속에 잠식하고 있다는데 머리를 할 때 대부분 마스크를 벗기 때문이다.

또다시 생각해낸 것이 미장원에 갈 때 마스크를 쓰고 머리를 하려고 쓰고 버려야 할 마스크 몇 장을 버리지 않고 보관해 두었다. 미장원에 가서 머리를 할 때 쓰고 머리를 다한 다음에 버리면 될 것이라는 계산이다. 그러나 아직 실행에 옮기지는 못했다.

머리 파마를 하던 날 손님들이 모여 앉아 떠들던 모습이 떠올라 더욱 조심해야겠다는 생각이 들어서다. 다른 손님이 마스크를 안 쓰고 계속 얘기를 한다고 해도 말릴 자격이 없으니 내가 조심하는 길뿐이 없다. 그래서 내가 마스크를 쓰고 미장원에 가려고 마음 정했었는데 오늘도 그냥 안전하게 집에서 혼자 염색했다.

미장원에서 미용사가 해준 것처럼 머리 뒤까지 골고루 염색되지는 않았겠지만 나름대로 왼쪽, 오른쪽, 앞뒤를 갈라 골고루 염색약을 발라준다. 반백이 넘으면 흰머리가 생기니 머리 염색을 안 하면 흰머리를 이고 다녀야 하니 흰 머리가 어울리는 사람도 더러는 있지만 대부분 늙어 보이고 추해 보이기 때문에 귀찮아도 염색을 하는 것이다.

　미장원에 가서는 돈만 내면 염색이든 파마든 머리까지 감겨주는데, 집에서 염색하면 약값만 들어가니 돈은 적게 들어가서 좋은데 복잡한 과정을 거쳐야 한다. 염색약을 섞어 머리에 골고루 발라줘야 하고 머리를 감을 때 목에다 수건을 감고 감으니 목으로는 물이 들어가지 않는데 염색물이 흘러 눈으로 들어간다. 염색약 때문에 눈이 나빠진다는데 그렇다고 안대를 하고 머리를 감을 수도 없는 노릇이다.

　이래저래 미장원을 찾게 되는데 코로나가 겁나 집에서 염색하려고 저녁을 먹은 뒤 동네에 있는 대형마트에서 염색약과 몇 가지 물건을 사 가지고 왔는데 며칠 후 그 마트 직원 중에 코로나 확진자가 발생했다고 그 기간에 다녀간 사람은 모두 코로나 검사를 받으라는 안내 문자를 받고 말로만 듣던 '드라이브스루'라는 행렬에 끼어 2시간을 소비했다. 30분 쇼핑하고 확진자가 발생하기 이틀 전에 마트에 다녀온 불운으로 두어 달 넘게 그 마트에는 가지 않았다.

　그 상황에서 더 억울한 것은 이번에 사 온 제품은 세 번을 염색할 수 있도록 1제 2제가 세 봉씩 여섯 봉이나 들어 있었다. 새벽에 일어나 약을 확인하고 1·2제를 섞어 염색약을 바르고 40분 후에 머리를 감았는데 이게 웬일이냐, 머리에 물이 들지 않아 흰머리 뿌리가 그대로 있었다.

　불량제품을 팔았다고 투덜대며 남은 염색약과 잘라 쓴 약 비닐봉지를 케이스에 넣어서 마트 개장 시간인 10시를 기다려 마트에 갔다. 이렇게 불량품을 팔면 어떻게 하느냐며 남은 약과 어제저녁에 받은 영수증을 민원 창구에 내밀고는 모자를 벗어 내 머리를 보여주며 물이 하나도 안 들었다고 설명했다.

직원이 고개를 갸웃거리며 남은 염색약을 조심스럽게 살펴보더니 "1제와 2제를 섞어야 하는데 1제는 3봉이 그대로 있는데요." 하는 것이다. "어머, 내가 1제 대신 린스를 섞어 염색했나 봐요." 하도 어이가 없어 그냥 웃어버렸다.

염색약 케이스 안에 1제 세 봉 2제 세 봉 린스 한 봉이 들어있었는데 1제와 2제를 섞는다는 게 2제 한 봉에다 린스를 섞어 머리에 바르고 40분을 기다렸던 것이다. 염색약을 제대로 확인 못 한 내가 마트 직원 보기 창피하기도 했지만 머리에 물들기를 바라며 기다린 40분의 시간이 더 아까웠다.

하는 수 없이 다음날 새벽 똑같은 절차를 거쳐 머리 염색을 했다. 내 실수로 3회분의 염색약은 2회뿐이 쓸 수 없게 되었다. 그래도 '경험자는 말한다'고 다음에는 그런 실수를 안 할 것이라는 기대를 걸며 거울을 본다.

어제의 실수가 생각나 자꾸 웃음이 나온다. 실수는 했을망정 코로나 시대에 미장원보다는 집에서 염색하는 편이 훨씬 안전하고 마음 편하다. 그 편한 마음에 돌을 던진 것은 그다음 날 대형마트에 다녀간 사람은 코로나 검사 받으라는 문자 메시지였으니 또다시 황당했다. 엊그제 저녁에 염색약을 사러 가지 말고 그냥 미장원에서 염색할 걸 하는 후회도 되었지만 되돌릴 수 없는 일이었다. 그래도 나는 어제도 마트에서 염색약을 사 와서 오늘 새벽 흰머리에 갈색 염색을 했다. 미장원보다 우리 집이 훨씬 안전하기 때문이다.

―2022년 《강원문학》 54집에 수록

봄이 오는 소리

　입춘도 지나고 설이 지나서인지 요즈음 제법 봄 날씨를 하고 있다. 텔레비전에서는 4월 중순 날씨라는 예보가 나오기도 한다. 우리 집 발코니에도 겨우내 잠자던 화분에서 새싹이 올라오고 벌써 봄꽃은 꽃이 피기 시작했다.
　지난 토요일 모처럼 손자 손녀가 드라이브를 가자고 한다. 갈 곳이 마땅하지 않은 요즈음, 춘천에 있는 화목원이나 가평 자라섬에 있는 이화원에 동백꽃이 피었나 가볼까 의견을 물었더니, 손녀가 대뜸 꽃 보러 가는 것 말고 다른 곳으로 가자고 한다. 그렇다 꽃은 내가 좋아하는 것이지 아이들 생각은 다르다.
　셋이 마음을 맞춰 일단 서면으로 가기로 결정했다. 손자와는 가끔씩 드라이브했는데 카페에 들러 차 한 잔 마시고 오는 게 전부다. 코로나 사태로 모든 게 변해버린 지금 집 떠나 갈 수 있는 곳이 카페이기 때문이다.
　오늘은 손자가 자기가 좋은 곳으로 안내할 테니 그리로 가자고 했다. 도착한 곳은 서면에 위치한 '카페 카르페'라는 카페였다. 예전에는 자주 갔었는데 오랜만에 그 카페에 갔다.
　봄기운이 돌아서인지 코로나 때문인지 실내에는 거의 손

님이 없고 실외 발코니와 뒤뜰에 손님이 많았다. 우리도 국산 차를 주문해놓고 뒤뜰로 나가서 자리를 잡았다. 봄 햇살 아래서 손자 손녀는 서로 사진을 찍어주고 평가하면서 즐거운 시간을 보내며 좋아한다.

햇살은 따뜻한데 바람기가 있어 조금 추웠지만 아이들이 좋아하니 그냥 한 시간을 그곳에서 함께 즐기며 나도 손자 손녀 사진을 카메라에 담았다. 다시 차를 타고 춘천댐을 돌아 신동삼거리에서 지내리로 들어가 들판을 구경하며 집으로 왔다.

그런 여운이 남아서인가, 오늘은 내 마음이 운동을 가야 한다고 명령을 내린다. 늘 시간이 모자란다며 예술 작업에 매달려 운동을 게을리했다. 건강이 최우선이라는 걸 알면서도 실천을 못 하는 것이다. 올해만 해도 그렇다. 벌써 2월이 다 가는데 오늘 처음으로 운동을 하러 갔다. 1월에 한 번 2월에 한 번 딱 두 번째다. 아파트 뒷길을 걸어 공지천 다리를 건너서 약사천을 향해 걸었다. 약사천으로 가는 목적은 걷기운동보다 물오리 사진을 찍기 위해서였다.

강바닥은 지저분한 데도 물은 맑았고 헤엄치는 물고기 떼들이 내 발걸음을 잡는다. 차가운 물 속에서 겨울을 나는 물고기의 체온은 몇 도나 될까, 갑자기 궁금해진다. 따뜻한 날씨라 걷기운동 하러 나온 사람들이 많았다. 오리도 군데군데 꽤 여러 마리가 있는데 사진을 찍으러 가까이 가면 날아가 버리고, 멀리서 찍으니 강만 나오지 오리는 점처럼 찍혀있다. 오리들이 모이는 곳을 쫓아 약사천 징검다리를 건너다니다 보니 어느새 봉의초등학교 옆까지 올라왔다. 뒤돌아 내려오며 다시 오리 사진을 찍고 있는데 "할머니" 하고 부르는 소리에 뒤돌아보니 학원에 갔던 손자였다.

오늘부터 10시 30분에 수업을 시작한다고 하여 아침에 학원에 태워다 주고 왔는데 생각지도 못한 손자를 약사천에서 만나게 되었다. 서로 반갑다고 손을 맞잡은 후 함께 집으로 오면서 손자도 연신 사진을 찍는다. 손자도 날씨가 너무 좋아 산책 삼아 일부러 걸어오는 중이란다. 무거운 책가방을 지고 걸어 다니지 말라고 했더니 날씨가 정말 좋아 걷고 싶었다고 한다.

나를 잘 따르는 손자는 코로나 피해를 많이 보았다. 캐나다로 유학을 갔던 손자는 캐나다에서 1개월 정도 학교를 못 가고 집에 있다가, 휴강이 길어지자 결국 지난해 4월에 우리나라 전세기 편으로 집에 왔는데 이렇게 학교로 못 돌아갈 줄은 몰랐다. 고등학교 3학년 과정을 계속 온라인으로 수업하고 있으나 올 1월에는 캐나다로 돌아가 2학기 수업을 할 계획을 세우고, 혹시 영어 실력이 줄어들까 봐 서울 강남에 있는 영어학원에 시험까지 보면서 등록했다. 일주일 학원 다니고 주말에 집에 왔다 다시 서울 학원에 갔으나, 월요일 하루 수업하고 갑자기 늘어난 코로나 확진자 때문에 학원 집합 금지 조치로 또다시 코로나에 쫓겨 집으로 내려와, 지금은 춘천에서 학원에 다니며 방역을 하는 날은 학원을 쉬며 공부하고 있다. 친구들은 대학교에 갔는데 9월이 입학인 캐나다는 한 학기가 늦어 지금 3학년 2학기 온라인 수업 중이다.

 봄이 오는 소리는 여기저기서 들리는데 코로나가 종식된다는 소리는 들리지 않으니 걱정이 아닐 수 없다. '백신' 접종이 하루 속히 이루어져 코로나바이러스를 잡는 날이 빨리 왔으면 좋겠는데.

 요즘 강원도는 정선 교회에서 발생한 코로나 확진자가 새로운 뉴스로 떠오르고 있다. 그것도 타 지역 주민이 다녀가서 그렇다니 얼마나 황당하겠는가, 어제 신문에서 본 기사 내용이다. 누가 코로나바이러스에 걸리고 싶어서 걸리겠는가, 어떤 여성이 코로나에 걸렸다가 완치되었는데 완치된 이 여성에게 "너 때문이다"라고 원망의 문자가 날아오고 심지어는 전화를 걸어 욕설을 한다는 것이다. 본인은 오죽했으면 확진되었을 때 차라리 죽었다면 더 좋았을 것인데 살아 돌아와 이렇게 죄인으로 살고 있다고 후회한다는 기사를 보니 마음이 아프다.

 이 여성은 병원에서 나와 집에만 틀어박혀 있다가 꼭 외출이 필요힐 때는 죄인처럼 모자를 푹 눌러 쓰고 마을 사람들의 눈총을 받으며 사는 게 얼마나 고통스러울까, 홍천에서 완치된 후배 남매들이 학교로 돌아오자 선배들이 환영식을 했다는 초등학생들의 사연과는 달라도 너무 다르다. 하지만 한편으로는 주민들이 이해된다. 코로나 발생으로 인해 사람이 안 다니니 장사가 안 되는 것은 당연하고 처음 코로나에 걸린 사람에게 화살이 돌아가는 것은 기정사실이다. 생업에 위협을 느끼기 때문이다. 예전의 이웃이 지금은 적이 되어 분노의 화살을 쏘아 올리고 있으니 누구의 잘못인가, 그 몹쓸 중국 우한에서 날아온 코로나바이러스가 아니던가, 코로나바이러스가 없어졌다는 소리를 귀를 쫑긋 세워 기다려 본다. 봄이 오는 소리처럼 정답게 들려와 우리들의 마음을 훈훈하게 해줄 기쁜 소식, 코로나바이러스 종식 소식을 큰 소리로 외칠 날이 빨리 오기를 기다린다.

—2021년 2월

새해에는 호랑이처럼

　호랑이 하면 제일 먼저 떠오르는 게 무서운 것이다. 그래서 학창시절 학생들이 무서워하던 '호랑이 선생님'이 생각난다. 호랑이 선생님 손에는 늘 회초리가 들려 있었고 목소리는 쩌렁쩌렁하며 체구가 큰 것이 특징이었다. 간혹 작은 체구의 야무진 선생님이 호랑이 노릇을 하기도 했다.
　하지만 요즈음은 '호랑이 선생님'을 볼 수 없을 것이다. 체벌이 금지되어 있는 학교에서 회초리를 들고 다녔다가 학생들과 학부모들한테 무슨 봉변을 당할지 모르는 시대에 살고 있다. 따라서 호랑이보다 더 무서운 것이 사람들의 눈과 입이다.
　유년시절 호랑이 말만 들어도 엄청 무서워하면서도 어른들이 하는 호랑이 얘기를 들으려고 귀를 세우곤 했다. 내가 초등학생일 때 '대관령국사성황당'으로 소풍을 간 적이 있는데 그때 성황당을 지키던 여인이 허벅지를 내보이며 호랑이에게 물린 자국이라고 말하던 것을 지금도 생생하게 기억하고 있다. 군데군데 움푹 파인 곳을 보여주던 그 넓적다리가 지금도 의문이다. 정말 호랑이에게 물리거나 산신령에게 혼난 자국이었을까?
　어려운 사람을 도와주는 보은의 호랑이도 있고 '해님 달님' 이야기처럼 사람으로 둔갑하여 사람을 해치는 나쁜 호랑이도 있다. 하늘에서 내려준 동아줄을 타고 하늘로 올라가 해가 된 동생과 동생이 무서울까 봐 달이 되어 어두운 밤하늘을 떠다니는 오빠의 마음 씀씀이는 우리들이 배워야 할 일상의 교훈이다.

호랑이는 십이지 동물 중에 세 번째다. 또 체구도 크고 포악하고 사나운 맹수로 여겨왔다. 그러면서도 선조들은 호랑이가 사악한 잡귀를 물리칠 수 있는 영물로 생각하여 무서운 동물이기보다는 한국인의 생활 속에 깊숙이 자리 잡고 있으며 수호신 역할을 톡톡히 한다고 믿고 있다.

호랑이 이름이 들어간 속담을 살펴보면 "호랑이는 죽어서 가죽을 남기고 사람은 죽어서 이름을 남긴다" 또 "호랑이 제 말하면 온다" "호랑이에게 물려가도 정신만 차리면 산다" "호랑이 굴에 들어가야 호랑이를 잡는다"는 말이 있다. 더 재미있는 속담은 "호랑이 없는 골에 토끼가 왕 노릇 한다"라는 것이다. 지금이야 한집에 자식이 한두 명이지만 오륙십 년대에는 많은 남매가 한집에서 부대끼며 살았다. 이때 아버지 어머니께서 집을 비우시면 오빠나 언니가 대신 왕 노릇을 하며 동생들을 휘어잡았다. 하지만 부모님께서 돌아오시면 곧 토끼인 오빠 언니는 슬금슬금 부모님 앞에서 도망을 치곤 했다.

사회생활에서도 맨 꼭대기에 있는 사람이 사라지기를 은근히 바라는 토끼무리들이 많을 것이라는 생각을 하면 웃음이 절로 나온다.

 예전에는 매년 정초가 되면 벽사용 세화로 호랑이 그림을 대문에 붙이고 기둥이나 출입문 위에 호축삼재(虎祝三災), 용호오복(龍虎五福)이라는 방문을 써 붙여 귀신을 쫓고 액땜하고 복을 빌었다고 하는데 지금도 그렇게 하는 집안이 있는 것으로 알고 있다.

 호랑이해에 태어난 사람도 시(時)를 잘 타고 태어나야 한다. 부모님과 우리 남매 중 유일하게 호랑이띠인 오빠는 이승을 떠날 때까지 좋은 빛을 보지 못했다. 무엇이든 하면 성공이란 단어가 없다. 그래서 돈도 많이 날리고 아버지께 꾸중도 수없이 들었다. 그럴 때마다 어머니께서는 오빠가 태어난 시를 탓하셨다.

 호랑이는 캄캄한 밤에 태어나야 제 역할을 다할 수 있는데, 아침 해가 막 솟아오를 때 태어난 오빠는 해가 비춰 눈을 바로 뜰 수 없어서 활동을 제대로 할 수 없다고 애태우셨다.

 그래서인지 오빠는 호랑이처럼 용맹스럽지도 못하고 악하지도 못했다. 누구를 도와주는 보은형도 아니고, 사람으로 둔갑해 나쁜 사람을 해치는 변신형 호랑이처럼 계략을 꾸밀 줄은 더더욱 못하고 안 했다. 오빠는 "호랑이와 곶감" 이야기에 나오는 어수룩한 우둔형 호랑이였나 보다. 태어난 시란 정말 중요하며 일생을 좌우하는지도 모르겠다. 꾸중하시던 아버지도 애태우시던 어머니도 활동을 제대로 못 했던 오빠도 고인이 된 지금 안타까운 마음뿐이다.

  2021년 새해에는 무엇보다 2019년에 유행하기 시작한 코로나가 물러가고 안정된 사회생활을 유지할 수 있어야 한다. 설화에 나오는 보은형 호랑이처럼 코로나를 썩 물리쳐 줄 호랑이를 우리들은 기다린다.

  국가적인 경제적 손실도 엄청 크지만, 개인적으로도 덕을 본 사람들보다 손해를 보아 생계가 막막한 가정이 많이 생겼다 하니 큰 걱정이 아닐 수 없으며 우리 국민을 살려줄 보은형의 호랑이를 소리쳐 찾고 싶다.

  사람이 사람을 피해 다니고 웬만한 일에는 선뜻 나설 수 없었던 2020년을 살면서 참으로 암담한 이런 시대도 있구나 생각하니, 내가 살아온 칠십 년 세월이 정말 행복한 시간이었다는 것을 실감한다.

  새해에는 호랑이 눈에서 발산하는 불빛 같은 밝은 세상이 오기를 기대하며 새해를 열어본다. 일 년이란 시간이 긴 것 같지만 쉬 지나가 버린다. 해마다 돌아오는 새해에 무엇을 어떻게 할지 많은 고민을 하고 실행에 옮기려고 노력하지만 예기치 못한 일로 가로막힐 때가 있다. 이를 극복하기 위하여 우리 다 같이 모든 일에 최선을 다해야 할 것이다.

  사람은 죽어서 이름을 남긴다고 했는데 이름을 남길 만큼 큰일을 못 했으니 다른 말로 "인생은 짧고 예술은 길다"라는 말을 인용해 작품활동을 열심히 하고 있다.

  좋은 글을 쓰고 좋은 그림을 그리고 싶지만 그게 어디 마음먹은 대로 되는가 말이다. 그래도 숨을 쉬고 살아있는 한 예술가는 예술에 심취해 살아야 하는 운명이라 생각하고 즐거운 마음으로 글을 쓰고 그림을 그린다.

새해에 나는 용맹스럽고 남에게 은혜를 입었으면 갚을 줄 아는 보은형 호랑이로 살고자 한다. 변신형으로 남을 속이거나 꾀어서 피해를 주는 일을 해서는 안 된다는 것을 우리 국민 모두가 새해를 맞아 실천해 줬으면 하는 기대도 걸어본다.

―2021년 《한국수필》 1월호에 수록

소월·경암 문학예술회관 두 돌을 맞다

코로나라는 덫에 걸려 모든 예술활동을 제대로 할 수 없었던 지난해에는 새한국문학회 시상식에 한 번 참석한 걸로 일 년 행사의 처음이자 마지막이 됐다.

올해도 사정은 달라지지 않았다. 매일 늘어나는 코로나 확진자 숫자를 보면서 좀처럼 춘천을 벗어날 생각을 못 하고 살았다. 지난 4월 28~29일 큰 용기를 내어 참석했던 한국문인협회 수필분과 제21회 수필의 날 행사에 참석할 수 있었던 것은 나에게는 큰 의미가 있었기 때문이다.

1995년 "수필과 비평"이란 문예지를 통하여 수필가로 등단했다. 그때 수필과 비평사 서정환 사장님과 발행인이던 이철호 선생님과 주간이던 정주환 선생님과 만나게 되었고, "수필과 비평사"가 전주에 있었기에 내 수필작가 첫출발을 전주에서 시작했기에 그때의 옛추억을 더듬어 보고자 코로나 속에서도 참석하게 되었다.

그 인연으로 《한국문인》을 창간하여 20년을 이끌어오신 이사장님을 도와드리고 또 혜택을 받으면서 오늘에 이르렀다. 20년이면 강산이 두 번 바뀐다는 것은 옛말이고 이백 번쯤은 바뀌었을 지금 그래도 변하지 않고 끈끈한 인연으로 이어진 것은 인정이라는 한국인의 피가 흐르기 때문이다.

2019년 6월 5일 문학관을 개관할 때도 참석했었지만 볼거리를 제대로 볼 수는 없었다. 참석한 문인들도 많았고, 저마다 사진 찍기에 바빠 카메라에 자리를 내주기에 급급했다. 집에 돌아와 한가한 시간을 내서 다시 방문하리라 생각했는데 시간이 여의치 않았다. 늘 일에 쫓기며 사는 사람이라고 할까. 이래저래 벼르다 결국 코로나라는 바이러스가 무서워 춘천에만 머물다 보니 어느새 문학관을 개관한 지 두 돌이 되었다.

또 다른 이유라면 나이를 먹었다는 것이다. 전에는 내가 가고 싶은 곳이면 차를 운전하여 어디든지 갈 수 있었다. 그러나 지금은 상황이 달라졌다. 국가에서 고령 운전자들이 운전면허증을 반납하고 운전을 안 하기를 바라는데 예전처럼 운전하여 이리저리 다니기도 두렵다. 그런 상황이라 혼자 운전하고는 부모님 산소에도 가지 않는다.

다행히 두 돌날에 소월백일장과 시 낭송 수상자들 시상식을 증평 문학관에서 개최한다는 것이다. 1주일 전 행사에 참여하겠다고 약속하고 보니 춘천여성문학회 회원 아들 결혼식도 있고, 전날 친구 남편 부고 소식까지 날아왔다. 그래도 일단 선약을 했으니 부조는 대신해달라고 부탁하고 새벽 6시에 집을 나섰다. 집에서 역까지는 걸어갈 수 있는 거리라 아침 공기를 마시며 역에 도착해 계단을 오르는데 전철이 들어와 기다리지 않고 바로 서울에 도착했다.

서울에서 관광버스로 두어 시간 달려 문학관에 도착해, 시상식 행사를 하고 점심을 먹은 후 문학관 관람을 했다. 이번에는 내가 다른 사람보다 먼저 돌아다니며 여기저기 사진을 찍었다. 사람이 없을 때 사진을 찍어야 다른 사람들에게 피해를 주지 않고 나도 불편함 없이 사진을 찍을 수 있다.

　문학관을 다시 둘러보니 새롭게 보인다. 이철호 이사장님의 일생을 한눈에 보면서 팔십 년의 역사를 반추해 보았다. 김소월과는 사돈이 된다는 이사장님 덕분에 소월 선생님도 따뜻한 집 한 채 마련하여 떡 버티고 앉아있으니 든든해 보인다. 앞으로 천년만년 소월 김정식과 경암 이철호가 아래층 위층에서 문학을 논하고 시를 읊으며 살 것이니 외롭지 않을 것이다.

　또 이층에는 이사장님의 가족들이 벽에 붙어 집을 잘 지키고 있을 것이니 도둑맞을 염려도 없다. 베푼 것만큼 거둔다고 2년의 세월 동안 기증받은 예술작품이 개관식 때보다 몇 배는 많아졌으니 문학관이 그야말로 소월. 경암문학예술 기념관이란 이름이 딱 어울린다. 앞으로 세 돌 네 돌 10주년까지 내가 건강한 몸으로 찾아갈 수 있을지는 누구도 모른다. 나도 모른다.

―2021년 《한국문인》 8·9월호 포토에세이에 수록

손녀는 미래의 간호사

손녀의 실습이 오늘 끝난다. 손녀는 간호학과 3학년이다. 여름방학에는 김포병원에서 한 달간 실습을 하고 왔는데 이번에는 강원대학교 병원에서 1주일 실습을 한다.

아침 여덟 시에 태워다 주고 오후 다섯 시에 끝나면 승용차를 운전하고 가서 데리고 온다. 그 실습이 오늘 끝나고 원주 집에 갔다가 다음 주에 또 할머니 집에 와서 설을 보내고 2월 7일부터는 벌써 4학년 수업이 시작되어 2주일 학교 다니고 그다음 주에는 분당병원에서 또 1주일 실습을 한다니 정말 바쁜 학교생활이다.

새벽에 잠을 자는 손녀에게 왜 그렇게 늦게 자느냐고 물었더니 과제가 너무 많아 그렇게 안 할 수가 없다고 한다. 아픈 환자를 돌보는 직업이니 물론 공부할 것이 많을 것이라는 생각이 든다. 특별한 계기도 없이 간호학과에 진학을 했는데 배울수록 적성에 잘 맞는다는 손녀의 말을 들으니 그나마 다행이다.

아빠는 약사인데 큰딸은 간호학과에 다니고 작은딸은 의료행정학과에 재학 중이니 가족들이 서로 통하는 점이 있어 좋을 것이라는 생각도 해본다. 원주에 사는 손녀가 춘천에 있는 대학교에 진학하면서 나도 덩달아 바빠졌다.

원주 집에서 아침 일찍 나와 버스를 타고 춘천터미널에 도착하면 기다렸다 차에 태워서 학교까지 데려다주고 오는데, 늘 피곤하다며 차 안에서 학교 가는 동안 잠시 잠을 청하기도 하고 할머니가 챙겨간 간식을 먹기도 한다. 매주 월요일에 이렇게 춘천에 와서 할머니 집이나 고모네 집에서 자면서 수요일까지 학교에 가고, 수업이 없는 목요일을 집에서 보내기 위해 수요일 저녁에 원주로 갔다가, 금요일이면 또다시 터미널에서 손녀를 태워서 학교까지 데려다주곤 했다.

1학년을 그렇게 보내고 2학년부터 코로나 사태로 집에서 온라인 수업을 하느라 손녀 따라 나도 조금은 한가해졌다. 손녀가 학교에 가는 날은 시험 기간과 특별한 일이 있을 때만 간다. 그럴 때마다 학교까지 데려다주고 오는데 그 횟수를 셀 정도로 별로 많지 않았다.

코로나에 너무 신경 쓰고 사느라 춘천 시외버스터미널 앞에 감시카메라가 달린 것도 못 보고 그냥 늘 그대로 빈자리에 정차하고 있다가 손녀를 태우고 갔는데, 지난해 손녀가 처음으로 학교에 온다는 월요일에도 늘 하던 대로 터미널 앞에서 기다렸다가 학교까지 태워다 주고 왔는데, 한 달쯤 되어갈 무렵 시청에서 등기우편물이 왔다. '주차위반' 과태료 고지서가 날아온 것이다. '아니, 내가 언제 주정차 위반을 했나' 하고 고지서를 자세히 읽어보니 두 번째 월요일 손녀를 태워다 준 날 춘천 시외버스 터미널 앞에서 12분 정차했다는 내용이다.

그제야 터미널 앞에 카메라가 설치돼 있다는 것을 뒤늦게 알았다. 어쩐지 다른 때와 달리, 그 시간에 터미널에서 오는 사람이나 물건을 받으러 10여 대의 차들이 주정차되어 있었는데, 지난해 초 손녀를 태우러 나갔을 때는 거의 정차된 차가 없어 코로나 때문에 사람들도 잘 안 다니는구나 하고 혼자 착각했던 것이다. 손녀에게 과태료 고지서를 보여주며 정말 카메라가 있는 줄 몰랐다고 했더니 손녀도 한바탕 웃으며 할머니 이제는 더 늦게 나와서 기다리라고 한다.

버스가 도착했는데 할머니 차가 안 보이면 불안해할까 봐 미리 가서 기다리는 것이다. 손녀에게 할머니 차가 안 보여도 학교에 늦지 않게 데려다 줄 테니 무조건 터미널에 도착하면 건널목을 건너와서 기다리라고 당부해 놓고도 마음이 안 놓여 집에서 미리 출발하여 멀찌감치 서 있다가 원주 버스가 들어오는 것을 보고 나서 시간을 맞춰 태우곤 했다.

2주일 후 원주 버스가 터미널에 들어오고 손녀가 버스에서 내려 건널목 쪽으로 오는 것을 보고 승용차를 카메라 있는 앞에 세웠는데, 아무리 건널목을 바라보아도 손녀 모습이 보이지 않는다. 그렇다고 큰길에서 후진할 수도 없고 앞으로 갈 수도 없어, 또 위반 과태료 딱지 날아오는 게 아닌가 싶어 안절부절하고 있는데, 손녀가 걸음이 불편한 할머니를 부축하여 택시 타는 곳까지 모셔다드리고 건널목을 건너오고 있는 것이다.

순간 손녀가 대견스럽게 보이면서 이런 좋은 일을 하느라 과태료를 낸다면 아깝지 않다고 생각하며 차에 타는 손녀를 착한 일 했다고 칭찬해주었다. 각박한 세상에 제 갈 길 바쁘다고 모두 그냥 가버리면 몸이 불편한 그 할머니는 택시 타는 곳까지 정말 힘들게 걸어갔을 것이다.

'역시 간호학과 다니는 학생이라 보는 눈이 다르구나' 생각하며 학교까지 가면서 네가 오늘 착한 일을 해서 할머니 마음이 무척 흐뭇하다고 몇 번이고 칭찬해주었다. 남의 어려운 처지를 헤아릴 줄 아는 손녀는 후일 간호사가 되어도 믿을 만하기 때문이다.

오늘 같은 일로 시간이 지체되어 주정차 위반 과태료를 내도 아깝지 않으니 그런 좋은 일은 언제라도 지나치지 말고 도와드리라고 당부했더니, 걸음을 잘 못 걸으시는 할머니를 어떻게 그냥 두고 오냐며 그래서 택시 타는 곳까지 모셔다드렸다고 싱긋 웃는다.

―2022년 《춘천여성문학》 30호에 수록

손자 신병 교육 수료식

　아침 일찍 딸네 가족과 함께 사위 차를 타고 화천을 향해 달렸다. 손자가 초보 군인으로 훈련받았던 상승칠성부대 신병 교육 수료식"이 열리는 화천종합운동장으로 들어서자 많은 승용차가 대기하고 있다. 10시가 수료식이라 아직 입장은 시키지 않고 있었다.
　밖에서 줄을 서서 조금 기다리고 있으니 곧 체육관 문이 열리고 가족들을 입장시켰다. 우리 가족도 접수대에서 접수하고 입장권을 받아 체육관 안으로 들어가 자리를 잡고 앉았다. 빨간 제복을 입은 군악대들은 연습하느라 정신이 없다. 그 군악대를 향해 서너 살짜리 여자아이가 달려간다. 엄마 같은 젊은 여자가 데리고 나오면 또다시 군악대 쪽으로 뛰어간다.
　그 모습이 귀여운지 안쓰러운지, 악단장이 아이를 끌어안는 모습이 이색적이다. 알고 보니 결혼하여 딸을 둔 젊은 아빠가 군에 입대하여 교육을 마치고 수료식을 하는데 젊은 부인과 딸이 참석했다는 것이다. 그래도 다행이라는 생각이 든다. 현역이 아니고 상근병이라 오늘이 지나면 집 가까운 행정복지센터에서 근무하게 될 것이니, 어린 딸아이도 매일 아빠 얼굴을 보고 자랄 수 있는 것이다.

수료식 시간이 가까워지자 장병들이 입장한다는 안내방송이 흘러나오고 뒤이어 씩씩한 장병들이 구령에 맞추어 입장을 한다. 똑같은 군복에 누가 누구인지 쉽게 눈에 들어오지 않는다. 그중에 한 명은 우리 손자가 분명할 것이니 다행이다. 하필이면 이때 코로나에 걸려 수료식에 참석 못 하는 병사가 몇 명 있다니 얼마나 억울하겠는가, 수료식에 참석도 못 했거니와 고향 가는 길도 격리 기간만큼 늦어지는 것이다.

수료식 중간에는 가족들을 위해 양쪽으로 돌아서 인사하는 시간도 있었고, 가족이 직접 장병에게 태극기와 계급장을 달아 주는 시간 있었다. 우리 가족도 이때 장병들 사이로 들어가 손자와 악수하고 끌어안고 사진도 찍었다. 사위가 손자에게 계급장을 달아주는 모습을 보니 대견스럽고, 손자가 벌써 저렇게 컸구나 생각하니 세월이 참 빠르다는 것을 실감했다.

빨간 제복을 입고 행진하는 군악대를 보자 동생들이 머리에 떠오른다. 군인은 아니지만 학교 밴드부였던 세 동생은 모두 색소폰을 불었는데 행사 때면 밴드부 단복을 입고 악기를 불며 길거리를 행진하곤 했다. 밴드부가 아니던 남동생 한 명은 키가 커서인지 군에 입대하여 의장대원으로 뽑혀 총검술을 하며 멋진 군생활을 했다. 이런 인연 때문인지 군악대가 마치 내 동생들 같은 마음이 들어 쫓아가서 사진을 찍으며 블로그와 카페에 올리려고 한다고 하니 반갑다고 손을 흔들며 웃는다. 나는 그 군악대들이 군용 버스에 오를 때까지 지켜보았다.

　30여 년 전, 논산훈련소에서 열린 아들 퇴소식에 갔던 일이 아련하게 떠오른다. 음식을 준비해 가지고 가서 연병장 내에서 식사를 해결했는데 세월이 많이 흘러 변모한 현대에는 점심, 저녁 식사를 가족과 함께 외식을 할 수 있는 시간이 주어졌다. 식당에서 점심을 먹고 차로 이동하여 카페로 가는데 가족이 오지 않아 장병들 몇 명이 모여 있는 것을 보니 마음이 좋지 않다. 사연은 모르지만 부모가 아예 없는 장병은 아닐까 측은한 생각도 들었다.

　저녁 6시까지는 부대로 복귀하라고 했으니 일찍 저녁을 먹이고 부대로 가는데 시골 눈길이다. 화천읍에서 그리 멀지는 않지만 그곳에서 하룻밤을 더 지내고 다음 날 아침에 엄마 아빠가 다시 부대에 가서 아들을 데려와야 한단다. 어쨌든 신병 훈련을 잘 마쳤고 수료식도 했으니 이제 배치받은 곳에서 군복무를 마치는 일만 남아있다.

　―2023년 1월

이천이십 년 재생 필름

　중국 우한이 고향이라는 코로나19! 너를 고향으로 되돌려 보낼 수도 없고 그렇다고 받아들일 수도 없는 부랑아. 말도 못 하는 그 조그만 바이러스가 전 세계를 뒤흔들다니 세계대전도 이렇게 치열하거나 많은 국가를 상대로 한 전쟁은 없었을 것이다.

　아침햇살에 사라지는 이슬처럼 지고 마는 고귀한 생명들, 태어날 때보다 더 외롭고 쓸쓸하게 생을 마감해야 하는 운명, 전염병이라는 이름 때문에 사랑하는 가족과 이별 인사도 제대로 못 한 채 한 줌의 재가 되어 일생을 마감하는 코로나 환자들의 희생이 벌써 일 년째 이어지고 있다.

　억울하고 안타깝지 않은 사연은 없겠지만 처음으로 우리 국민들 마음에 큰 충격을 준 것은 교육 현장일 것이다. 코로나 발생 이후 3월에 각 학교에 입학해야 하는 유치원, 초중고등학생들과 대학생들이 역사상 온라인 입학이란 초유의 사태를 맞았다.

　입학식만 못하는가 했더니 건너뛰기로 온라인 수업이다. 새로운 학교 새 학년의 추억 새 선생님과 새로운 친구들과의 만남은 코로나바이러스 속에 묻혀버렸다. 그중 어린 10대의 목숨을 앗아간 사연은 더욱 가슴 아프게 했다. 코로나 확진자도 아닌데 코로나 환자일 것이라는 오판으로 병원에서 받아주지 않아 아버지의 차를 타고 입원할 병원을 찾아 길거리를 헤매었을 아버지와 아들, 끝내 치료도 못 받고 숨진 고등학생은 입원만 했으면 살 수 있었다고 한다. 코로나 확진자가 아닌 폐렴 환자였다니 부모의 애통한 심정을 무엇으로 보상받을까, 텔레비전에 학생의 방이 화면을 가득 채운다. 교복과 책상이 '나 아직 고등학교까지만 다녔는데 억울하다'고 통곡하는 것 같았다. 아들을 고등학생이 되기까지 정성과 사랑으로 키운 부모의 가슴엔 코로나바이러스라는 비수가 꽂혀 매일 아프다고 울고 있을 것이다.

올해는 다 가는데 내년 상황은 어떨지 걱정하지 않을 수 없다. 대학생들이 온라인 강의가 부실하다고 납부한 등록금을 반환하라는 외침은 어쩌면 행복한 아우성일지 모른다.

사람이 사람을 마음대로 만날 수 없는 세상에 무슨 장사가 되겠는가, 더 버티지 못하고 폐업을 결정하는 자영업자들, 늦은 시간 마지막 배달길에 나섰던 50대 가장인 식당주인은 음주운전 차량에 치여 유명을 달리했다. 음식을 시켜놓고 아무리 기다려도 도착하지 않는 통닭, 화가 난 손님은 인터넷에 비난의 글을 올렸다. 사랑하는 아버지를 잃은 딸이 이 글을 보고 사과문을 보냈다는 뉴스를 보면서 저절로 눈물이 흐른다.

2020년

2019년 중국 우한에서 날아온 코로나
2020년 가장 많이 쓰인 낱말 코로나19
창살 없는 감옥 2주일은 자가 격리 기간
신천지가 판을 치던 대구의 봄
8.15 광복절 집회는 또다시 시한폭탄
사랑하는 모든 것을 두고 떠나는 코로나 희생자
의사와 간호사의 힘겨운 노력에도
끝내 지키지 못한 확진자들의 목숨
마스크 한 장 사려고 긴 줄 섰던 국민들
이를 비웃기라도 하듯 마스크 사재기하는 얌체족
목숨을 담보로 거리로 몰려든 배달 라이더
세상이 모두 변해버렸다
사람이 사람을 기피하는 이상한 세상
거리는 침묵을 지키고
자영업자들은 손님 없는 가게를 지키고
오늘만 넘기면 되겠지 내일이면 괜찮겠지
기대 속에 살아온 일 년이란 세월
마지막 해 뜨고 해지는 연말에도
코로나19는 그칠 줄 모르고 인간을 괴롭힌다
전국의 선별진료소에는 코로나 검사자로

북새통을 이루는 2020년
희비가 엇갈리는 음성자와 양성자
그런 와중에도 수칙을 어기며
얌체 영업을 하는 양심불량자들
다 같이 힘을 합쳐야 살 수 있다
2020년 한해 우리 모두의 아픔이
저물어가는 쥐띠 해의 쥐꼬리처럼
자취를 감추기를 빌어보는
오늘은 2020년 마지막 날

2021년 봄에는 코로나가 물러가
모든 국민이 웃으며 살기를 바라는 마음이다

―2021년 《리더스에세이》 봄호에 수록

종각에 오르다

날씨가 따뜻하기에 아파트 뒷동산인 종각에 오르기로 마음먹고 오후 집을 나섰다. 봄이라 날씨도 좋지만 공기도 맑아 좋다. 공지천 조각공원을 지나며 꽃나무들이 빨리 꽃을 피워주었으면 좋겠다는 생각을 한다. 코로나로 지친 일상을 꽃구경하면서라도 잠시 잊고 싶은 생각이다. 다리를 건너며 지난해 십일월까지 일주일에 두 번씩 하던 택견 생각이 났다. 바로 택견을 하던 장소를 지나가기 때문이다. 이제 사월이면 다시 운동하게 된다. 그동안은 택견도장에서 운동을 했지만 코로나를 이유로 나는 불참을 했다. 매주 목요일 야외로 국궁을 하러 가는 날에도 몇 번 간 후 춘천 남면에 코로나 확진자가 발생했다는 문자를 보고는 지금까지 활 쏘러도 못 가고 있는 실정이다.

오늘 그 운동하던 공원 옆을 지나 종각으로 오르는 계단에 들어섰다. 몇 년 전에 비하면 등산로가 한결 좋아졌다. 미끄러운 등산로에 침목으로 계단을 만들어 산에 오르기 좋게 만들어 놓았기 때문이다. 조금 올라가자 시원한 바람에 기분이 상쾌하다. 마스크를 잠시 벗어도 되겠다고 생각하는데, 산 위에서 남녀 두 사람이 산을 내려오다 나를 보더니 기겁하며 마스크를 쓰는 것이다.

나도 깜짝 놀라 마스크를 벗지 않기 잘했다는 안도의 숨을 쉬었다. 사람들이 안 보이자 슬며시 마스크를 벗었다. 사람 하나 없는 산에서 그야말로 자유를 만끽하고 있다. 얼마 만에 야외에서 마스크를 안 쓰고 맑은 공기를 나 혼자 마셔보았던가, 늘 사람이 겁이나 야외에서도 벗을 줄 몰랐던 마스크가 아니던가.

이 뒷동산은 내가 90년도에 새 아파트에 입주하면서 즐겨 오르던 산이다. 아파트 뒤 사잇길로 꽃과 나무를 구경하며 종각에 오르면 종각 바로 앞에 무덤 세 기가 있다. 남의 무덤인 데도 무섭다기보다는 외할머니 외할아버지 산소 같은 느낌이 들었다. 게다가 산소 끝자락에 턱 버티고 서있는 개복숭아 나무는 시골 어디서나 볼 수 있는 고향의 정취를 풍겼고, 산소 주위에 피어있던 붉은 패랭이꽃은 고향집 앞 횡계 벌판에 지천으로 피었던 꽃으로 내 유년을 떠올리게 했다.

조금 아쉬운 생각이 들었다. 무엇이든 사라지고 없으면 아쉬워하고 있을 때는 그 가치를 모르는 것이 인간의 마음이다. 종각에 예전처럼 자주 오르내렸어야 했는데 하는 후회를 해보지만 세월은 이만큼 흘러왔으니 어쩌랴.

종각이 있어 연말과 새해에는 떠들썩했던 그곳도 춘천시청사 내에 종각이 생기며 힘을 잃어갔는데, 나도 몇 년째 종각에 오르지 않았다가 올라와 보니 그곳 역시 많이 변해 있었다. 산소 세 기는 모두 사라졌고 종각 한쪽으로 쉼터처럼 깨끗하게 마룻바닥을 만들어 경쾌한 분위기를 자아냈다. 또 위험을 방지하기 위하여 만들어 놓은 난간에 몸을 실어 춘천 서면과 소양 2교를 바라보는 운치도 좋았다.

나는 그 난간에 몸을 기대어 서면과 춘천대교, 소양 2교를 카메라에 담았다. 종각도 함께 담았다. 왕벚나무도 심어 놓았다니 벚꽃이 필 때 다시 올라오면 벚꽃구경도 하리라. 그곳에는 산 벚꽃과 진달래 함박꽃이 많이 피어있어 봄 동산의 운치가 물씬 풍기던 곳이다.

산수유나무 두 그루가 있어 가을이면 나뭇가지가 휘도록 빨간 산수유가 달려있었는데 공사를 하면서 소나무 가지도 잘려 나갔고 산수유 나뭇가지도 꺾여 있다.

청소년도서관 쪽 돌계단을 내려오는데 월요일이라 도서관이 휴관이니 차도 사람도 없다. 조금 전 종각에서처럼 쓸쓸함이 불어온다. 온의동에 새로 생긴 아파트를 지나오면서 그곳에 있던 몇 채의 집과 꽃나무들이 추억 사진 필름처럼 돌아간다. 예쁘게 꽃피우던 야산과 과수원은 서서히 아파트 개발에 몸을 내주어 이제 화사한 꽃 대신 성냥갑을 쌓아 올린 듯한 아파트가 서로 마주보고 서 있다. 이 아파트 개발로 우리 동네에 도로공사도 분주하게 돌아가고 있다. 아파트 정문 길 건너에는 길 넓히는데 자리를 내주고 다시 축소하여 지은 건물에 새로 입주하는 가게가 눈에 들어온다. 내가 단골로 다니던 주유소는 아예 없어지니 다시 단골 주유소를 찾아야 한다.

이렇게 시시때때 변하는 것이 현시대인데 몇 년 만에 종각에 올라갔으니 변하지 않을 수 있겠는가 말이다.

―2021년 《춘천문학》 33집에 수록

코로나에 쫓겨 귀국행 비행기를 탄 손자

　내가 사랑하고, 나를 좋아하는 손자가 코로나에 쫓겨 우리나라에서 보내준 전세기편으로 캐나다에서 출발해 춘천 집에 도착한 것은 2020년 4월 23일 밤 11시 50분이었다. 집에 들어서자마자 화장실이 딸린 안방으로 떠밀려 들어가 2주일 자가 격리를 끝내고 지금까지 춘천에서 잘 지내고 있다. 오늘이 꼭 집에 온 지 일 년이 되는 날이다.
　그러나 손자의 마음이 허전하다는 것을 어제서야 확실하게 알게 되었다. 고등학교를 캐나다에서 입학한 손자는 혼자서도 타국에서 잘 적응하며 열심히 학교생활을 했다. 노력한 덕분에 학교에서 성적우수 학생에게 주는 상장도 받았다. 그 학교의 전통은 학생이 졸업해도 그 상장을 학교에 걸어 둔다고 한다.
　또 시상식을 하던 날 단상에 올라가 상장도 받고 교장선생님과 악수도 했다고 화상 통화로 자랑하며 상장을 보여주고 지난해 집에 올 때 가지고 와서 보여주는데 일단 영어로 된 상장을 내가 제대로 읽을 수는 없지만 손자가 대견스러웠다.
　코로나로 전세계가 떠들썩한 가운데도 지난해 12월까지 온라인 수업을 하고 올해 1월에는 캐나다로 돌아가 3학년

2학기를 마치고 졸업할 예정이었다. 그래서 지난해 12월에는 서울 강남에 있는 영어학원에 시험까지 쳐서 학원을 다니게 되었는데 그 학원도 겨우 1주일 다니고 서울에 내려진 집합 금지 명령으로 엄마 아빠가 짐 보따리를 도로 싸 가지고 와야 했다. 코로나로 인해 모든 게 계획대로 되지 않았다. 제일 걱정스러운 것은 캐나다에 가면 또다시 2주일자가 격리를 해야 한다는 것과 학교에 수업하러 계속 나갈 수 있다는 확신이 없는 것이다. 게다가 만약에 타국에서 혼자 지내다 코로나에라도 걸리면 어떻게 할 것인가, 김기덕 감독이 타국에서 코로나에 걸려 쓸쓸한 생을 마감한 것은 많은 국민들에게 걱정거리로 돌아왔다.

하는 수 없이 학교와 상의해 3학년 2학기 수업을 계속 한국에서 온라인으로 하기로 했는데 대학이 문제다. 한 학기가 늦으니 우리나라에서 올해 대학교에 갈 수가 없어 집에서 입시학원에 등록하여 지난 4월 10일에는 팔자에 없던 검정고시를 보았다. 그 후 좀 쉬겠다며 지금은 학원에는 나가지 않고 있다.

그동안 얼마나 힘들었을까? 낮에는 입시학원에 가고 밤에는 캐나다 학교 온라인 수업을 하고, 검정고시 준비로 시간 있을 때마다 독서실이나 카페에서 공부하느라 쉴 틈이 없었던 손자가 이제 검정고시도 보았고, 3학년 2학기 시험도 지난주에 마지막 시험을 보았기에 졸업장을 받으면 고교 생활이 끝나는 것이다.

어제 손자에게 "내일이면 집에 온 지 꼭 일 년이 되네" 그 동안 수고 많이 했다며 고등학교 졸업을 축하한다고 했더니 고맙다고 말하는 손자가 덧붙여 하는 말이 "거기서 대학교에 갔어야 하는데" 하며 서운한 마음을 내보인다. 조금 안쓰러웠다. 남의 속도 모르고 손자가 한국에 있다는 것에 안심하고, 손자도 그렇게 생각할 것이라고 믿었는데 손자는 캐나다에 못 간 것을 못내 아쉬워하고 있었다.

하숙집에 남겨놓은 짐은 어떻게 하느냐고 물었더니 "엄마가 주인 아주머니한테 전화해서 짐을 버려달라고 했다"는 것이다. 많은 물건은 아니지만 서운한 것은 어쩔 수 없는 마음이다. 누가 그 짐을 버리게 될 줄 알았겠는가, 방학 때도 늘 그렇게 두고 왔던 짐이었으니까, 할머니를 좋아하는 손자는 내게 주문하여 내가 그린 민화 그림도 몇 점 캐나다로 가지고 갔었는데 방학 때면 보물처럼 싸 가지고 왔다가 개학하면 또 가지고 갔는데, 이번에는 특별 전세기 편으로 오기 때문에 짐을 더 간단하게 하느라 큰 그림은 하숙집에 그냥 두고 왔다고 아쉬워한다.

캐나다에서 사귄 형들은 대학생이 되어 인천에서 서울에서 온라인 수업을 하고 있다며 가끔씩 서울이나 춘천에서 만나곤 한다.

손자의 이런 아쉬운 마음도 모두 코로나가 놓는 훼방이다. 그러나 안전이 제일이니 내 나라 내 집에서 안전하게 공부하는 것이 옳다는 생각이다. 손자의 속 마음을 알뜰하게 챙기지 못해 미안하지만 그래도 손자가 내 옆에 살고 있어 안심이 되고 흐뭇한 마음이다.

하지만 캐나다로 시대를 잘못 맞춰 유학을 갔다는 자체와 코로나바이러스라는 세계적인 문제는 손자에게 엄청난 손해를 입혔다. 다시 외국에 나가 공부할 기회가 올지는 모르지만 그래도 2년 동안 캐나다에 살면서 영어공부는 많이 되었으니 그것으로 위안을 삼는다.

―2022년 《강원문단》 2호에 수록

할 일이 있는 자는 행운아다

아직도 끝나지 않은 '코로나19'라는 이름. 나는 이 사태를 피난 가지 않고 치르는 전쟁이라 말한다. 육이오를 겪으면서도 어린 나이기에 피난이 무엇인지 몰랐지만 어른들의 전쟁 이야기를 들으면 엄청 무섭고 비참한 것이라는 것을 알 수 있다.

코로나가 시작되면서 지금까지 춘천을 벗어나는 외출은 나 스스로 하지 않고 있다. 또 정부의 시책에 따라 피난 대신 방콕 신세가 되었다. 그래도 피난민보다 얼마나 행운인가, 얼음 강을 건너지 않아도 되는 따뜻한 집안에서 텔레비전으로 바깥세상과 소통하고, 배 굶주린 피난민처럼 먹을 걱정 없이 입맛대로 먹을 것을 먹어가며 하루를 살아간다.

집에서 민화를 그리고 그림에 맞는 글을 쓰면서 '민화 에세이집'을 내기 위한 준비를 차근차근하는 사이 두어 달이 흘렀다. 이것저것 할 일이 많은 내게는 큰 걱정은 아니었지만 뉴스마다 나오는 코로나19 사태는 시시각각 마음을 긴장하게 만든다. 자고 나면 늘어나는 코로나 확진자는 대구를 중심으로 온 나라가 피난을 가지 않는 전쟁을 치르기 시작했고, 공포에 떨게 했다. 춘천의 첫 번째 확진자가 내가 사는 온의동에 거주한다는 뉴스는 내 마음을 더욱 자극했다.

마스크를 쓰고 처음 집 밖으로 나왔을 때 딴 세상처럼 느껴졌다. 지금까지 마스크를 써 본 적이 없기 때문이다. 미세먼지가 심하다고 다른 사람들이 모두 마스크를 쓰고 다녀도 내게는 관심도 없는 일이었다. 동생이 필요할 때 쓰고 다니라고 열 개들이 한 박스를 준 마스크도 일 년이 넘도록 개봉하지 않았는데, 코로나19에 밀려 마스크를 꺼내 쓰고 밖으로 나왔는데 아파트 마당이 생소하게 느껴진다. 봄에 피어오르는 아지랑이처럼 땅도 나무도 눈앞에서 어른거린다.

자고 나면 확진자가 늘어나고 사망자 수도 많아지는데, 삼월 중순 코로나로 인한 사망은 아니지만, 치매증세가 있던 고종사촌언니의 부고 소식이 전해졌다. 결국 장례식에 가지 못했다. 확진자가 강릉을 다녀갔다고 초비상이 걸린 상황에서 강릉아산병원 장례식장으로 가야 하는데 도저히 용기를 낼 수 없다. 코로나에 모든 게 무너져버린다.

주위에서 만나는 사람들이 지겨워 죽겠다는 푸념이 나오기 시작했다. 나는 이 기회에 공부나 해보자 하고 책꽂이에 얌전히 꽂혀있던 『고사성어집』과 『천자문』을 꺼내 공부해보았지만 영 머리에 들어오지 않는다. 눈앞에는 항상 코로나19 사태를 알리는 텔레비전이 켜져 있기 때문이리라.

지방 신문에 실린 부고 소식이 또 들어온다. 자주 만나 식사를 함께하던 김남석 수필가의 타계소식이다. 지난해 만나고 코로나 때문에 만나지 못했는데 지병으로 이승을 떠나셨다. 강원문인협회 회장한테 부고 소식을 알리며 저녁 5시에 만나 조문을 가기로 했다. 3월 말이라 춘천은 조금 안정된 것 같아 강원대학병원 장례식장에 갔는데 입구에서 직원의 안내에 따라 인적 사항을 적고 손 소독을 한 후 이층으로 올라가 조문했다.

며칠은 걱정이 되었다. 나보다도 부고 소식을 모르고 있는 회장을 내가 가자고 하여 갔는데 무슨 일이 생기면 어쩌나 고민했는데 다행히 우리 둘은 아무 일 없이 지금까지 잘 지내고 있다. 그래도 마지막 가시는 길에 인사라도 할 수 있어 다행이다. 개인 조의금은 물론이지만 '강원한국수필가협회' 조의금을 전달한 것이 잘했다는 생각이 든다. 선생님이 창립회원으로 그동안 협회를 위해 쏟은 열정에 보답했다는 마음이다.

외국 상황은 더더욱 심각하다. 캐나다로 유학 간 고등학생 손자가 학교를 못 가고 집에 있다는 것이다. 그런 손자가 봄방학이 끝나고 결국 휴학이 길어지자 4월 23일 우리나라 전세기 두 대가 캐나다로 가서 그 비행기로 한국에 오게 되어 2주간의 자가 격리에 들어갔다.

손자가 집에 오던 날이다. 밤 12시가 다 되어갈 무렵 "엄마 10분 후면 집에 도착하니 예은이와 빨리 마스크 쓰고 계세요." 하는 딸의 명령에 긴장은 고조되어 마스크를 쓰고 대기 완료에 들어갔다. 정확히 밤 11시 50분에 손자가 집에 도착했다.

 문이 열리고 손자가 들어오는데 마스크도 쓰고 안경도 썼지, 그날따라 춘천 날씨가 추워 옷에 달린 모자까지 썼으니, 손자가 "할머니" 하는 목소리만 들릴 뿐 손자의 얼굴을 알아볼 수가 없다. 그것도 2m 거리 지키기를 하며 "호근아 할머니가 악수도 못 하고 안아 주지도 못해서 미안해" "할머니 괜찮아" 하는 말을 남기고 손자는 엄마 손에 떠밀려 화장실이 딸린 안방으로 자가 격리가 시작되었다.

 정상수업을 했으면 6월 말에 여름방학을 해서 집에 오는데 2개월 먼저 귀국을 한 것이다. 방안에 갇혀 혼자 밥 먹고 생활할 손자를 생각하니 코로나19가 원망스럽다. 그래도 다행히 귀국 삼 일째 받은 검사에서 음성판정을 받았다. 캐나다에서 검열에 통과해 비행기를 탔으니 기내에서 감염되지만 않았으면 되는데 그것을 누가 알랴. 열흘이 지나서 춘천시보건소에서 이제 열이 없고 감기증세가 없으면 5월 7일 자정에 '자가 격리'를 해제해도 된다는 연락을 받은 후 나도 딸네 집에 가서 반가운 손자의 얼굴을 제대로 볼 수 있었다. 그것도 2m 밖에서 말이다.

 피닌 가지 않는 진쟁 중인 코로나19 썩 물러가고 정상적인 사회생활을 할 수 있는 날이 빨리 오기를 기다리며 지금도 조심스러운 나날을 보내고 있는 나는 글도 쓰고 읽으며, 그림도 그리고 손자와 즐거운 시간을 보내며 어려운 시기를 잘 넘기고 있다. 내게 할 일이 없었다며 그 많은 시간을 어떻게 보냈을지 생각만 해도 끔찍스럽다. 나이가 들수록 할 일은 꼭 있어야 한다. 하릴없이 허송세월을 보내기엔 우리 인생이 너무 아깝지 않은가. 할 일이 있는 사람은 행운아다.

―2020년 《강원문학》 52집에 수록

제4부

빈 의자

숨은 그림 찾기

가을 속에 핀 봄꽃

올해는 유난히 가을에 봄꽃을 많이 볼 수 있는 것 같다. 활짝 피었다 지고 난 뒤 단풍으로 물든 잎이 가지를 뒤덮고 있는 시월의 끝자락에 외로이 홀로 철쭉꽃이 피었는가 하면 가지 끝에 아슬아슬하게 매달린 노란 개나리꽃 몇 송이도 가는 세월이 아쉬워 가을까지 따라오며 봄 노래를 부르고 있다.

땅 위에서도 뒤질세라 민들레가 피었다 홀씨를 날리고 보랏빛 제비꽃에 자운영꽃까지 피어 가을 속에 핀 봄꽃들이 사람들의 발걸음을 멈추게 한다. 넓은 철쭉밭에 홀로 피어 있는 분홍빛 철쭉이 귀엽다기보다는 애처롭게 보인다. 마치 나 홀로 1인시위를 벌이는 사람처럼 안쓰럽다. 그래도 봄꽃이 눈에 보이니 사진으로 담아왔다.

1인시위를 하는 사람은 말이 없다. 그냥 정부나 회사, 또는 자기가 손해를 보았다고 생각할 때 그 건물 앞이나 당사자의 집 앞에서 시위하는 것이다. 남의 시선도 아랑곳하지 않고 억울함을 알리는 몇 줄의 글로 많은 사람의 공감대를 끌어올린다.

저 봄꽃들은 무엇이 억울해서 또 무엇이 그리 아쉬워 가을까지 따라오며 살려고 앙탈을 부릴까, 죽은 내 부모 내 자식을 살려내라고 부르짖는 시위도 아니고 정부가 잘못해 내가 피해를 보았다고 시위를 벌이는 것도 아닐 텐데 싸늘한 가을에 철을 잃고 가련한 모습으로 나타났을까?

대부분의 사람들은 일생 동안 삶에 지치고 사는데 바빠서 1인시위는 생각도 못 하고 계절의 순리에 따라 봄 여름 가을 겨울을 지나며 한 살 두 살 나이를 먹어간다. 그러다 때가 되면 자연으로 되돌아가 자취를 감추게 된다. 식물처럼 계절을 거슬러 피어날 수 있고 가을에서 봄으로 유턴을 할 수도 없는 것이 우리네 인생이다. 그러니 사람들은 태어나서 죽을 때까지 아등바등 살아가기에 정신이 없다.

부자도 권력자도 한세상 지나면 흙으로 돌아가야 한다는 현실을 직시하면서도, 더 많은 욕심으로 재물을 모으고 온갖 권력으로 남을 해치려는 사람들이 없었다고는 말할 수 없는 우리나라의 역사!

얼마 전에 전직 대통령이 사망했는데 '국립묘지'에 안장되지 못하는 일이 벌어졌다. 한나라 국민의 대표로 대통령까지 했던 사람이 얼마나 많은 잘못을 했기에 죽어서 국립묘지에 묻힐 권리마저 거절당했을까.

사람은 항상 정직하게 살아야 한다. 높은 자리에 있는 사람도 그렇지 못한 사람들을 배려하고 인정을 베풀어야 하고, 아흔아홉을 가진 사람이 백 개를 채우려 욕심을 부리지 않는다면 평탄한 삶을 살 수 있고 죽어서도 대우를 받을 것이다. 부자라고 또는 권력을 가졌다 하여 봄꽃처럼 가을에 피지는 못한다. 또 누구나 1인시위를 벌일 만큼 용감하지도 못하다.

  다만 봄꽃은 가을까지 따라와 자기를 보아달라고 외치지만 곧 추운 겨울에 밀려 힘을 잃고 죽어간다. 그래도 그들은 죽어도 식물이란 특권으로 내년 봄이면 또다시 살아난다. 몇 개월 겨울잠을 자고 나면 기다린 공으로 더욱 따뜻한 봄을 맞아 아름다운 꽃을 피우고 잎을 피운다.

  하지만 우리네 인생은 한번 가면 다시 태어날 수 없으니 그들의 여유가 부럽기만 하다. 요즈음 각종 텔레비전 프로에서는 오래 살면서 건강하게 보람 있게 사는 어른들의 모습을 많이 접할 수 있다. 정말 감탄사가 절로 나오도록 부지런하게 살아온 그들의 삶에 큰 박수를 보내고 싶다.

  가을 속에 핀 봄꽃만큼 질긴 생명이 아니어도, 이 세상에 태어난 것을 행운이라 생각하며 불만을 토해내는 1인시위보다 긍정적인 마음으로 세상과 공생하다 한 송이의 꽃으로 한 마리의 새로 환생할 수 있다면 다음 세대들의 일이 궁금하지 않을 것 같은데, 인생의 끝자락은 아무도 모르니 가을 속에 핀 봄꽃처럼 철모르는 봄꽃이 부러울 뿐이다.

—2024년 11월

갈등

'갈등' 인간은 누구나 겪고 있는 갈등이란 말을 많이 사용한다. 예전에는 그 첫 번째가 '고부 갈등'이었을 것이다. 세월이 흐르면서 상사와의 갈등, 친구와의 갈등, 모임에서 회원들과의 갈등 선생님과 제자와의 갈등 가족과의 갈등 등 갈등 없는 일상을 살아갈 수 있는 사람이 있다면 참으로 행복한 사람일 것이다. 그러나 우리들은 모든 사회생활에서 갈등과 화합으로 유지해 나가고 있다.

세상 살아온 길이만큼 갈등도 그만큼 많아진다. 상대해야 하는 대상이 많아졌다는 결론이다. 곰곰이 생각해 보니, 사람들 만나는 횟수를 줄이는 것이 곧 갈등을 해소하는 길이라는 결론을 내렸다. 그래서 가끔은 모임에 일부러 불참한다. 안 나가면 그만큼 '갈등'도 없기 때문이다. 내가 잘못해서 타인의 마음에 상처를 주는 일도 있겠지만 다른 사람들 언행이 내 마음에 안 들어 갈등을 일으키는 일이 더욱 많다.

왼쪽으로 감고 올라가는 칡덩굴은 줄기차게 왼쪽으로만 감고 기어오르며 주위의 식물들을 위협한다. 반면 죽을 때까지 오른쪽만 고집하는 등나무는 오른쪽으로만 감고 기어오른다. 이렇게 자기 의지대로 좌선회 우선회를 하면 별 문제 없이 칡덩굴과 등나무는 잘 자라며 자신의 생명력을 다해 꽃을 피워내고 열매도 맺는다.

　그러나 칡덩굴과 등나무가 만나게 되면 서로 "나는 왼쪽으로 가야 해" "나는 오른쪽으로 가야 해"하며 싸움을 유발하는 '갈등'을 일으키게 된다. 늘 함께 있으면 방향 다툼을 하는 칡덩굴과 등나무도 화합하려는 노력은 하고 있다. 앙숙이 되는 갈등도 꽃 색깔은 비슷하게 칡꽃은 자주색이고 등꽃은 보라색이라는 점이다. 왼쪽과 오른쪽을 놓고 자리다툼을 하는 갈과 등도 화합을 원하는지 비슷한 색깔로 꽃을 피워 사람들의 눈과 마음을 유혹한다. 그것도 빨강이나 노랑처럼 강렬하고 흔하지 않은 붉은 자주색과 연한 보라색 꽃이다. 칡꽃이 멀리 피어있는 것을 보면 보라색으로 보여 갈등을 없애고 화합하자는 의미로 느껴진다.

　우리들도 보라색처럼 온화한 마음을 가졌다면 갈등은 없었을 텐데 도처에 갈등은 도사리고 있다. 내 마음에 안 드는 이웃과 많은 사람들. 그들도 내가 자기 마음에 들지 않겠지만 그래도 우리들은 칡꽃과 등꽃처럼 옹기종기 모여서 너그러운 마음으로 같이 밥을 먹고 여행을 가고 모임을 하면서 세상과 공유한다.

　왼쪽과 오른쪽을 고집하는 칡덩굴과 등나무가 없었다면 우리 국어사전에 '갈등葛藤'이란 단어 자체가 없지 않았을까, 칡덩굴과 등나무가 만나면 서로 뒤엉켜 먼저 올라가려고 자리다툼을 하듯이 우리들은 머리채를 맞잡고 싸움하지는 않지만, 마음의 상처는 오래 남게 되고 정신적 싸움은 늘 진행 중이다.

직선적인 성격인 나는 불법을 행하는 사람을 보고는 그냥 넘겨버리지 못하는 탓에 바른 소리를 잘하는 편이다. 어떤 사람은 자기가 못 하는 말을 대신 해줘서 대리만족을 느낀다고 하는 반면 당사자는 기분이 그리 좋지 않을 것이다.

사람을 죽이거나 도둑질을 하는 범죄자는 아니지만 사소한 사회질서도 못 지키는 사람을 보면 한마디 하고 싶다. 웬만한 도로에서의 무단 횡단은 허다하고 횡단보도 앞에서도 신호 바뀔 때까지 기다리기 싫어 무단횡단을 하는 사람, 자동차 창문 열고 침 뱉고 담배꽁초 버리는 운전자가 아직도 있다는 것은 이해가 되지 않는다. 요즈음은 금연아파트까지 생겨나는 추세인데 아직도 차 안에서 담배 피우고 그것도 모자라 담배꽁초를 창밖으로 버리는 운전자가 있으니 참 딱한 노릇이다.

간혹 내차 바로 앞차에서 갑자기 담배꽁초를 버리면 내 차에 불이라도 붙으면 어쩌나 싶어 깜짝 놀라며 상대방이 든든 말든 욕부터 하게 된다. 앞 사람의 나쁜 행동이 뒤 사람에게는 스트레스가 쌓인다는 것을 생각해줬으면 좋겠다. 이뿐이랴, 손에 들고 가던 휴지를 길바닥에 홱 버리는 사람, 길게 늘어선 줄에 새치기하는 사람, 약속과 약속시간을 지키지 않는 사람 등 쉽게 지킬 수 있는 것을 안 지킬 때 내 입에서는 자꾸 바른말이 나오고 아는 사이에서는 갈등이 생기기도 하는 것이다.

어차피 이 세상에서 '갈등' 없이는 살 수 없다. 내가 있고 네가 있고 내 마음과 네 마음이 다른데 갈등 없이 화합만 이루어지기는 어렵다. 국회에서도 여당과 야당이 매일 갈등을 일으킨다. 집단이 크면 클수록 갈등은 배가에 배가를 거듭해 수습이 어려워진다.

나는 내 주위에서의 '갈등'을 해소하기 위해 스스로 노력한다. 왼쪽과 오른쪽이 뒤엉켜 서로 싸우는 것보다 보랏빛 꽃처럼 화합을 이루듯 잠시 쉬었다 만나고 다시 헤어져서는, 다른 사람이야 칡덩굴처럼 왼쪽으로 가든지 등나무처럼 오른쪽으로 가든지 상관없이, 나만을 위해 왼쪽으로도 기어올라 보고 오른쪽으로도 기어오르며 갈등 없이, 나름대로 혼자 할 수 있는 일에 충실하고 있다.

'갈등'보다는 보랏빛 은은한 자태를 즐기며 등나무 그늘에 잠시 앉아본다. 주렁주렁 매달린 등꽃이 탐스럽다. 산등성이를 힘겹게 기어오르는 칡덩굴에게도 격려의 박수를 보낸다. 운전하며 도로를 달리다 보면 절벽을 기어오르는 칡덩굴을 많이 볼 수 있다. 도로 위쪽에서 산사태가 날까 봐 헐벗은 산의 흙을 덮으며 쉼 없이 기어오르며 자기의 소임을 다하는 부지런한 칡덩굴이다.

칡덩굴과 등나무의 생애에 애착을 느껴본다. 다른 나무를 칭칭 감고 올라가 결국 오랫동안 자란 나무들을 죽게 만드는 덩굴식물의 생존방식을 그들이 원하지는 않았을 텐데 살인자 아닌 살인자가 되어 상대방을 죽이며 살아남는 덩굴식물의 생존경쟁이 얼마나 치열한가, 나는 그 식물들처럼 치열한 생을 살아왔는가 되돌아보며 오늘도 내 생활에 채찍질을 한다.

—2019년 《춘천여성문학》 27집에 수록

빈 의자

아침 운동으로 약사천을 한 바퀴 돌아 KBS 춘천방송국 옆을 지나 강원도 향토공예관 쪽으로 발길을 돌렸다. 이른 아침이라 주위는 조용하다. 요즈음 비가 자주 내린 탓으로 꽃과 나무도 싱그러워 보인다. 붉은 벽돌 건물 역시 더욱 붉어 보이는 아침이다.

내 어린 시절 고향집 꽃밭에 감초처럼 섞여 있던 다알리아꽃을 보고 사진을 찍으려고 계단을 올라가니 벽돌보다 더 붉은 긴 의자가 놓여있다. 평화롭다 못해 한가한 분위기다. 빈 의자를 보니 새삼 앉을 자리를 찾지 못한 수많은 사람의 모습이 눈앞에 어른거린다.

IMF 때 많은 일꾼이 직장에서 강제 퇴직을 당하며 이 땅의 아버지들이 앉을 자리를 잃었었다. 아버지에 뒤이어 누구의 어머니 또 다른 집의 아들딸들도 직장을 잃고 하루아침에 앉아 있던 의자와 이별을 해야 했다.

오늘 아침 문득 그 생각을 하니 그때는 정말 마음 아팠던 시대였고 앉을 의자가 얼마나 중요한 지 다시 한번 생각하게 한다. 자고 일어나면 뉴스마다 무슨 회사가 부도가 났고 잘나가던 사업자와 직원들이 거리를 방황하는 노숙자 신세가 되었다니, 우리의 역사상 누구를 탓할 수 없는 시대의 뼈아픈 아픔이었다.

저 붉고 긴 의자는 누구를 위해 세상에 태어났을까. 몇 사람이 앉을 의자인데 텅 비어 있다. 요즈음도 젊은 청년들이 일자리가 없어 고민하고 있다. 힘든 일은 기피하기에 더욱 일자리 찾기가 어렵지만 학교에서 공부만 하던 학생들이 힘든 일을 기피하는 현상도 당연하다는 생각이 든다. 온실의 화초처럼 자란 청소년들이 노동이나 공장 일에 익숙하지 못하니 참고 견디기 어려울 것이다.

그렇다고 어디 본인에게 딱 맞는 직장에서 정해진 편안한 의자에서 사회생활 하기가 쉽겠는가, 어려움을 참고 또 참으며 앉을 의자를 찾아야 한다. 여기에 놓여있는 이 빈 의자는 만인을 위해 놓여있는 것이다. 정해진 주인이 따로 없다. 공예관을 찾아온 손님이 앉으면 그 사람이 주인이고, 길가다 힘들어 쉬어 가려고 앉으면 또 그들이 주인이 되는 것이다. 남녀노소 가리지 않고 누구든 앉으면 주인이 되는 의자다. 비단 사람들만 아니라 새나 동물이 앉아있으면 그 시간은 그들이 주인 노릇을 한다.

이렇게 빈 의자는 사람을 차별하지도 않고 아름다운 모습과 넉넉한 마음으로 앉을 자리를 내주며 배려한다. 그러면서 이 세상의 아름답고 어려운 대화를 엿들으면서 함께 고민하고 있는지도 모른다.

빈 의자에 누구나 마음 놓고 앉아서 주인이 되듯이, 일터에 많은 일자리가 생겨 젊은이들이 자기가 앉을 의자를 찾아 척척 취직되었으면 얼마나 좋을까. 언제쯤 사회 첫발을 내딛는 청소년들이 앉을 자리 걱정을 안 하고 살 수 있는 사회가 만들어질 것인지 모르겠다.

　요즈음 자기 의자를 버리고 방황하며 더 단단한 의자를 만들려고 하는 의사와 이를 억압하는 정부, 일명 '의정 갈등'이다. 어느 쪽도 잘한 것이 없다고 생각한다. 양쪽 모두 대립보다는 차근차근 풀어나가야 한다. 내가 한자리할 때 뜯어고쳐야 한다는 생각은 성공보다는 실패가 더 많이 따른다. 하루빨리 의사들이 자기 의자로 돌아갈 수 있도록 정부는 머리를 맞대야 한다.

　약사인 우리 아들도 약국을 운영하다 정부가 내세운 '의약 분업'으로 결국 약국을 정리하고 선배가 운영하는 대형 약국 관리 약사로 지금까지 근무하고 있으며, 간호사인 손녀는 지난해 간호학과를 졸업하고 인천 모 대형병원 간호사 채용시험에 합격하여 지금까지 근무하고 있는데, 요즈음 신문에는 의정갈등으로 간호사들의 취직도 어려워졌다고 한다. 뿐만 아니라 간병인들도 일거리가 없어 생계 위협까지 받는다는 뉴스도 나온다.

　오늘 신문기사에는 올해 80명을 선발하는 강원대 병원 2025년 졸업예정자 간호사 채용에 1679명이 지원해 21:1의 높은 경쟁률을 기록했다고 한다. 지난해 160명을 채용할 때 경쟁률은 3.4:1이었다니 엄청난 차이가 있다. 이것은 병원에 의사가 없으니 환자를 받을 수 없고, 그에 따라 간호사도 많이 필요하지 않고 경영난으로 간호사를 많이 채용할 수도 없는 형편이 된 것이다.

　하루속히 의정 갈등이 끝나서 의사도 간호사도 자기 의자에 앉을 수 있도록 정부는 밀어붙이지만 말고 "온고지신"이란 낱말을 다시 한번 생각했으면 하는 마음이다.

―2024년《한국문인》10, 11월호 강원지회 특집에 수록

선택할 수 없는 인생길

　누구든 태어나는 것을 선택할 수는 없다. 내가 누구를 아버지 어머니로 선택해서 태어날 수는 없는 것이다. 만약 하나님이 그런 일이 허용되도록 하였다면 부잣집이나 높은 직책에 있는 집안에는 자식들이 줄을 서도 끝이 없고, 가난하고 못난 사람은 선택하는 사람이 없어 평생 외롭게 살다가 쓸쓸한 죽음을 맞이했을 것이다.

　그러나 세상에는 부모를 고를 선택권이 없어 부모님이 낳아주는 대로 이 세상에 태어나 자라면서 자기의 운명대로 살아가는 것이다. 더러는 운명을 바꿔 새로운 삶을 개척해 나가기도 하지만 경제적 능력이 없던 어린 시절은 부모님의 능력과 보살핌이 내 인생길이었다.

　이 인생길에서 여자라는 이유로 불이익을 당하며 살아온 수많은 여인의 눈물을 받았으면 또 하나의 한강을 만들고도 남았을 것이다.

　며칠 전에 2018 강원문해자랑 대잔치 '청춘만개'라는 행사에 참석했다. 참석자는 육십 대에서 구십 대까지 지금 한글을 배우고 있는 강원도 내 어르신학생과 한글강사, 담당 공무원, 복지관 복지사 등 춘천호반체육관 강당을 꽉 채울 만큼 많이 모였다.

내가 한글을 가르치고 있는 '춘천 남부노인복지관'은 상반기에 35명이 한글반에 등록했고 '강원도 성인문해교육 시화전'에 두 명이 낼 자격이 있다고 하기에 제일 먼저 글을 써온 두 명의 작품을 응모하였다. 다행히 첫 도전에 좋은 결과가 있었다. 한 명은 '강원도 성인문해교육 시화전'에 입선했고, 다른 한 명은 중앙까지 진출하여 전국에서 우수상을 받았다. 본인이 직접 시를 쓰고 그림도 그려야 하기에 쉬운 일은 아니다.

두 명의 수강생을 위해 조그만 꽃을 사 가지고 호반체육관 행사장으로 갔다. 벌써 한 명은 일찍 와서 기다리고 있다. 체육관 입구 로비에는 시화전에 당선된 시화 70여 점이 전시되어 있었다. 저마다 어려서 공부를 못한 사연과 지금 한글 공부를 하며 느끼는 감정을 나름대로 잘 표현해 쓴 글들이었다. 읽으면서 마음이 뭉클해진다. 마당에는 평생학습관에서 준비한 꽃차, 천아트, 캘리그라피, 베이커리 등 체험 코너도 준비되어 있고 어르신들을 대상으로 하는 행사라 춘천시보건소에서는 직원들이 나와 치매에 관한 알림장을 돌리기도 했다.

축하공연으로 노래를 불러주던 홍천 남산초등학교 학생들과 어른학생들이 대조를 이룬다. 2부 프로 발표회 준비를 하느라 분주하게 연습하는 팀들이 있었는데, 그중에는 내가 학창시절에 입었던 교복과 똑같은 교복을 입고 연습을 하고 있어 추억 한 토막을 불러온다.

까만 교복에 하얀 칼라를 젖힌 학생들은 얼굴만 늙었지 십 대 소녀들의 천진난만한 모습 그대로다. 어떤 사람은 너무 뚱뚱해서 교복이 잘 어울리지 않았지만 교복을 입고 있다는 자체만으로도 행복해하는 듯했다. 그 큰 교복을 어디서 구했을까?

어르신들의 열정도 대단해서 타 지역에서는 사오십 명의 선수들이 참여하느라 관광버스를 대절해 단체로 여행 오듯 참석하기도 했다. 춘천에서는 '춘천교육문화관' 한글반 수강생들이 발표회에 참석했다.

춘천 남부노인복지관에서는 올해 처음으로 시화전에 응모하여 당선되어 시상식에 참석했는데 쉬운 일은 아니었다. 수강생 대부분이 외부에 노출되는 것을 꺼려서 수업시간에도 출입문의 유리창을 커튼으로 가리고 수업하는데, 그 이유는 수업시간에 다른 사람들이 자꾸 들여다보고 특히 이웃에 사는 사람들이 볼 것을 염려해서다. 함께하던 이웃들도 학교에 못 다닌 것을 알면 대놓고 무시한다는 게 사실이라는 공통된 얘기다.

반강제적으로 실력이 더 좋은 사람 여섯 명을 정해주고 써온 글 중에서 두 편을 뽑아 응모하려 했으나, 겨우 용기를 낸 두 명만 글을 써왔다. 그래도 작품을 낼 수 있어 다행이다. 얼마나 힘들고 가슴 아픈 세월을 살아왔는지 우리 한글반 수강생 두 명의 작품을 소개한다.

인생길

춘천남부노인복지관 박○○

내 나이 아홉 살에 하늘나라 가신 그리운 어머니
안주인의 이름으로 열두 살 오빠와 세 살 난 동생의
엄마 노릇 하느라 바위처럼 무거워진 내 인생

소용돌이 세월 속에 아홉 살 계집아이가
배움의 기쁨을 느끼는 한글반 학생이 되어
교만하지 않은 나를 사랑하는 칠십 대 여인이 되었다

내 나이 일흔아홉 오 년째 한글을 배운다
새로운 나의 인생길 한글 공부를 하며
당당한 나 자신과 마주한다. 새로운 인생의 맛을 느낀다

(전국 성인문해교육 시화전 우수상)

나도 편지를 쓰고 읽을 수 있다

춘천남부노인복지관 정○○

다섯 살 때 일어난 전쟁과 가난에 공부는 생각할 수 없었다
답답함과 한을 안고 결혼생활을 하던 중
사우디로 돈 벌러 간다는 남편 말에 가슴이 철렁했다
남편이 외국에서 편지를 보냈다 읽을 수도 없다
학교에서 돌아온 삼 학년 딸아이가 편지를 읽어주었고
여동생 손을 빌려 남편한테 답장을 보냈다
남편도 딸도 내가 한글 모르는 것을 모르고 있으니
마음은 불안하고 나이 먹을수록 한글 공부가 필요했다
시간이 흘러 귀국한 남편이 한글 모르는 나를 발견하고
학교를 다녔으면 공부를 잘했을 텐데 격려해주던
말 한마디에 용기를 내어 늦은 나이에 한글 공부를 한다
이제 나도 편지를 읽을 수 있고 쓸 수도 있어 행복하다

(강원도 성인문해교육 시화전 입선)

이렇게 시대적 아픔인 전쟁과 가난, 여자라는 이유로 또 더러는 산간벽지에서 태어나 학교에 다니지 못했던 사람들.

그들이 이제 좋은 세월을 만나 흰머리에 얼굴이 주름지고 등까지 굽었어도, 책가방을 메고 들고 한글반 교실에서 한글도 배우고 새로 친구도 사귀면서 열정을 쏟고 있다.

누가 이런 인생길을 선택했던가, 주어진 운명대로 여기까지 흘러온 것이다. 호반체육관을 가득 채웠던 문해 교육 수강생들 지금이라도 공부를 할 수 있다는 것은 행운이고 행복이다. 이것마저도 여건이 안 되어 못 다니는 사람들도 많이 있을 것이다. 몸이 아파서 교통수단이 없는 산골에 살아서, 또는 아직도 손자 손녀를 봐주어야 하기에 시간적 여유가 없어서, 또는 한글 가르쳐주는 곳이 있는 줄도 몰라서 못 다니는 사람들도 있으니 한글 모르는 사람을 찾으면 아직도 많을 것이다.

내가 가르치는 한글반에도 '지금까지 한글 가르쳐주는 곳이 있는 줄도 몰랐는데 올해 어떻게 알게 되었다'며 찾아왔는데 상반기부터 이번 후반기에도 등록하여 정말 열심히 공부한다. 늦게 알게 된 것을 후회하며 그 보상이라도 받으려는 듯 결석도 안 하고 숙제도 잘해오고 받아쓰기도 잘하며 수업시간을 재미있어하는 모습이 영락없는 초등학생 모습이다. 또 항상 얼굴에서는 웃음이 떠나지 않는다

많은 여성이 여자로 태어나서 오빠와 남동생에 밀려 또는 맏딸이라는 이유로 학교도 못 다니고 동생 업어 키우고 집안 살림하느라 서러웠던 그 시절을 '여자의 일생'을 노래하며 다시 태어난다면 여자로는 태어나지 않을 것이라고 말

할 것이다. 그만큼 예전의 어머니들은 여자로 태어났기에 많은 서러움과 고통을 참으며 차별대우를 받으면서 살아왔다. 그 증거는 한글반 수강생 대부분이 여성이라는 사실이다.

  선택할 수 없었던 인생길! 어머니라는 이름이 있었기에 그 길을 지금까지 잘 따라왔을 것이다.

  ―2018년 《춘천여성문학》 26집에 수록

스승의 날을 되새기며

　스승의 날이 다가오면 제일 먼저 아카시아 꽃향기를 떠올린다. 이 꽃은 꼭 스승의 날을 전후하여 짙은 향내를 날리며 피어난다. 제자와 스승이 소근소근 이야기를 나누듯 아름답고 향기로운 꽃으로 다가오는 아카시아꽃은 매년 그 시기만 되면 모든 노력을 다해 피어나는데, 스승의 날은 점점 퇴색되어 있으나 마나 한 날이 되어버렸다. 차라리 없는 게 낫다는 여론도 나오고 있는 실정이다.
　내 아이들이 학교에 다닐 때 나는 학생처럼 스승의 날을 챙겼었다. 물론 아들딸을 잘 보아 달라는 의미도 있지만 더 큰 이유는 정말 내 자식을 잘 가르쳐주셔서 고맙다는 인사다. 성의 표시는 금일봉이 될 수도 있고 그 선생님께 맞는 선물을 택하기도 했다. 선생님 말이라면 법처럼 따르며 공부하던 칠팔십 년대, 더 오래전 내 학창시절에는 선생님의 말씀에는 절대복종해야 하는 불문율 같은 것이 내 마음에 자리 잡고 있었다.
　머리를 스쳐 지나가는 선생님들의 옛 모습을 떠올리며 과목 선생님들 이름을 한 분 한 분 불러본다. 거의가 생각나고 다정했던 선생님들이다. 학창시절 누가 시키지 않아도 스승의 날이면 조그만 선물을 사서 담임 선생님과 나를 귀여워하시는 과목 선생님을 찾아다니며 선물을 드리곤 했다. 그때마다 선생님들은 아주 좋아하시며 착한 학생이라고 칭찬을 아끼지 않으셨다.

그러니 학교생활은 늘 즐거웠고 선생님께 꾸중을 듣는 일도 없고 선생님들 말을 잘 듣는 학생으로 정평이 나 있었다. 지금도 가끔 동창생들을 만나면 "영희는 학교 다닐 때 범생(모범생)이었어" 하며 그 시절을 추억하곤 한다. 육십 년대 그런 학창시절을 보내고 학부모가 되어서도 스승의 날은 수없이 지나갔다.

스승의 날이면 선생님께 선물을 드리고 퇴근 후 저녁 식사를 대접하며 아카시아꽃 향내처럼 훈훈한 오월을 보내던 스승의 날이 어느 날부터 갑자기 선생님들의 존재는 바람 앞에 촛불이 되고 말았다. 학생과 학부모가 무섭고 싫어서 정년을 채우지 못하고 중도에 명예퇴직을 신청하는 교사가 날로 늘어나고 있다니 교육 현장의 미래가 걱정되기도 한다.

선생님들은 학부모 앞에서 큰소리 한번 못 치고 학생들에게 훈계도 제대로 할 수 없는 무능한 선생님이 되어버렸다. 학생들한테 욕 얻어먹지 않고 학부모한테 매 맞지 않으면 다행이다. 어찌 자기 자식을 가르치는 선생님을 때릴 수 있는지 의문이다. 또 선생님은 무엇을 그리 잘못했을까?

더욱이 요즈음은 김영란법이니 뭐니 해서 선생님께 진심으로 고마움을 표현하고 싶어도 음료수도 제대로 드릴 수 없다니, 동방예의지국의 스승과 제자 사이가 왜 이렇게까지 멀어지게 되었을까 개탄할 노릇이다.

　더욱 심한 것은 지난 스승의 날이다. 텔레비전에서 스승의 날에 관하여 나오는 방송을 보고 나는 텔레비전을 꺼버리고 싶은 충동을 느꼈다. 방송내용은 학생이 케이크를 사 왔을 때 함께 불을 켜고 축하하면서 촛불을 같이 끄면서도 선생님이 그 케이크를 먹으면 안 된다는 것이다. 이건 해도 해도 너무하다는 생각이 든다. 지나가는 개도 먹을 게 있을 때 그 개가 먹고 싶어 하면 개에게도 나누어주는 게 우리 인간의 정인데, 하물며 함께 손뼉 치고 촛불을 끈 선생님은 빼놓고 학생들만 그 케이크를 먹어야 한다는 것이 과연 바른 교육이라고 생각하는지 다시 한번 묻고 싶다. 또 선생님을 빼놓고 자기들만 먹는 케이크가 맛있다고 느끼는 학생들이 몇이나 될까.

　어른 공경이 다른 게 아니다. 특히 먹을 것이 있으면 웃어른 먼저 드리고 아랫사람이 먹는 것이 도리거늘, 어찌 선생님께 먼저 드리지는 못할망정 빼놓고 학생들만 먹어야 한다는 어처구니없는 안건은 누구의 머리에서 나왔으며, 그 안에 농의한 사람들은 어떤 마음의 소유자들인지 궁금하기 한이 없다.

　무엇이든 도가 지나치면 잡음이 생기지만 일 년에 딱 하루 스승의 날이라 정해 놓았으면 적어도 선생님을 위하는 일이 한 가지쯤은 있어야 하는 게 아니겠는가. 차라리 스승의 날에 이렇게 선생님의 기분을 상하게 하려면 아예 스승의 날을 없애자는 목소리가 커지고 있다는데 그쪽이 낫지 않을까. 이런 현실에서 스승의 날이 있으면 뭐하고 없으면 어떠랴. 선생님이 학생들이나 학부모한테 대우받지 못하는 것은 똑같은데 말이다.

그렇다고 꼭 학생들이나 학부모들만 잘못한다는 것은 아니다. 기대에 못 미치는 선생님들도 있지만 그것은 극소수일 뿐이고 훨씬 많은 선생님이 진심으로 제자들을 사랑하고 아끼며 하나라도 더 가르쳐주려고 애를 쓴다. 이런 선생님들께 스승의 날 하루만은 감사하다는 손 편지에 정성이 담긴 조그만 선물 정도는 허용되어야 스승의 날에 의미가 있지 않을까?

그윽한 향기를 뿜으며 해맑게 웃는 아카시아꽃처럼 선생님의 훈훈한 향기를 맡으며 해맑게 웃는 제자들의 모습은 학교 안에서라면 언제나 볼 수 있어야 하는 풍경이 아니겠는가.

―2019년 《강원문학》 51집에 수록

이름을 찾아서 좋아하는 사람들

　모든 사람은 세상에 태어나면 자기 이름을 갖게 된다. 대부분 할아버지가 이름을 지어주거나 부모님이 나름대로 고심해서 이름을 붙여주는 사람이 많은 것 같다. 이름 짓는 곳에 가서 돈을 주고 좋다는 이름을 지어 오기도 한다. 또는 이름이 팔자에 안 좋다고 중간에 새 이름으로 바꾸기도 하지만 연예인들은 예명을 쓰기도 하고 일반 여성들도 부모님이 지어준 이름이 촌스럽다고 예쁜 이름을 다시 붙이기도 한다.
　어쨌든 사람들은 좋든 나쁘든 이름을 하나씩 가지고 있는 게 보통이고 두세 개의 이름을 사용하는 사람도 있다. 그중에도 남자들은 돌림자를 많이 쓰는데 여자들은 반반이다. 어떤 부모는 아예 딸 이름은 신경도 쓰지 않고 간난이, 언년이로 부르며 그대로 호적에 올려 김간난, 이언년을 죽을 때까지 사용한다.
　예쁜 이름이나 부르기 좋은 이름이면 더욱 좋겠지만 발음이 어색한 이름 놀림감이 되는 이름도 꽤 많은 것 같다. 딸아이 이름을 '부자'라고 지은 사람도 있다. 아버지와 아들 사이인 부자(父子)관계는 아니지만 성과 함께 불러서 홍부자 또는 황부자라고 불러주면 그래도 어색하지 않고 들어줄

만하다.

  비단 사람뿐 아니라 식물들도 저마다 이름을 가지고 있다. 예쁜 꽃이든 못생긴 꽃이든 자기 이름을 제대로 챙기지만 사람을 제외한 동물은 조금 다르다. 개면 개고, 소는 소고, 닭은 그냥 닭이다. 애완견은 주인들이 이름을 지어주어 이름을 불러주지만 그렇지 않으면 그냥 진돗개고 똥개고 삽살개다.

  식물 이름 중에는 '며느리 밑씻개'라는 풀이 있다. 이 풀은 줄기에 조그만 가시가 다닥다닥 붙어 있어 살에 닿으면 따끔따끔 쓰리다. 예부터 며느리를 얼마나 무시하고 구박했으면 그런 것으로 밑씻개를 하라고 하였을까 그래서 여자들의 일생은 서러웠나 보다.

  이렇게 서러움을 겪고 살아온 사람들이 산 증인으로 노년을 보내고 있다. 다름 아닌 학교를 가보지 못한 사람들이다. 가난 때문에, 딸이기 때문에 학교 문턱에는 가보지도 못하고 까막눈으로 살아온 그들은 여자로 태어난 것을 늘 후회하며 살아가고 있다.

  내가 복지관에서 한글 모르는 수강생을 6년째 가르치고 있는데 교실 안에서는 시간마다 "아줌마" "할머니" 하는 호칭이 들린다. 그렇게 부를 때면 이왕이면 학교에 왔으니 아줌마 할머니라고 부르지 말고 같은 교실에서 공부하는 친구들이니 서로 이름을 부르라고 하면 이름도 잘 모르고 어색해서 아줌마가 편하다는 대답이다.

올해 어느 날 다른 지역 한글 교실에 다니는 어르신의 글을 읽게 되었다. 그녀는 평생을 이름 없는 사람인 줄 알고 살았단다. 누구의 딸로 태어나 교육은 받아 보지도 못했으니, 이름 한번 써 본 적도 없이, 누구의 아내가 되고 누구 집 며느리가 되어 죽도록 일만 하다 보니, 어느새 누구의 엄마가 되었는데 그 자식들 뒷바라지하느라 흰머리 생기고 얼굴에 주름살 생기는 누구의 할머니가 되어있더란다.

거기다 택호까지 붙여 무슨 댁으로 불리다 보니 아예 이름이 없는 줄 알고 살아왔는데, 자식들 다 키워놓고 칠십이 넘어 한글을 배우러 갔더니 자기도 이름이 있는 사람이라는 것을 실감했다고 한다. 반 친구들이 이름을 불러주고 선생님이 출석부를 보고 내 이름을 부르고 내가 출석부에다 내 이름 석 자를 쓰고 나면 '나도 이름이 있는 여자였구나, 이름이 있어 정말 좋다'는 내용이었다.

이 글을 읽으며 가슴이 뭉클했다. 또 어느 어머니는 아들이 군에 가서 편지를 보냈는데 읽을 수 없어 꼭꼭 싸서 농 속에 넣어두었다가 40년이 지난 후 한글을 배우고 나서 그때 아들 편지를 읽어보았다는 내용도 있었다. 그래도 나는 부모님을 잘 만나 이렇게 성상하여 내가 하고 싶은 일을 하고 그것도 한글 모르는 수강생들께 한글을 가르치며 즐겁고 보람된 시간을 보내게 되었으니 축복이 아닐 수 없다.

수업시간에 사용하는 책에 나오는 내용 외에도 강원도를 비롯해 18개 시·군 명칭과 대통령, 국무총리, 시장, 군수 등

관직명도 받아쓰기해 보면 배운 글자이고 아는 글자인데도 연결이 잘되지 않아 거의 틀리게 쓴다. 가난했던 지난날을 탓하고 딸로 태어난 것을 한탄하면서도 글자 한 자 한 자 알아가는 재미와 기쁨 때문에 한글교실을 찾는 수강생들이 늘어나고 있다.

  늦었지만 지금이라도 한글을 배우니 그나마 다행이다. 아직 이런 곳이 있는지 몰라 못 오는 사람도 있고, '지금까지 글 모르고 살았는데 이 나이에 뭘 배워' 하며 안 다니는 사람도 있기는 하지만, 한글을 배우고 나면 자신감이 생기고 생활이 즐거워지니 누구든 한글을 배워보라고 권하고 싶다.

—2018년《강원한국수필》13집에 수록

익어가는 가을

　가을은 모든 게 여물어가는 계절이다. 익지 않고는 가을과 함께 할 수 없다. 익지 않은 과일이나 곡식을 우리들은 쭉정이라고 한다. 쭉정이 농산물을 반겨주는 농부는 없을 것이다. 그래서 가을에는 모든 게 익어야 한다. 봄부터 농부는 밭을 갈고 씨를 뿌리고 풀을 매면서 농작물을 키우기 위해 최선을 다한다. 씨를 뿌려 놓고 비가 오지 않으면 씨앗이 말라 죽을까 걱정이고 비가 많이 오면 씨앗이 떠내려가서 싹이 나오지 않을까 노심초사한다.
　새싹이 올라오면 반가움과 함께 가을이 될 때까지 걱정으로 시간을 보낸다. 다 키운 농작물이 태풍으로 쑥대밭이 되고 홍수로 밭에 물이 차서 수확을 앞둔 작물들이 시름시름 앓게 된다. 올여름 장마도 유난히 농촌에 피해를 많이 입혔다. 농사를 짓는 농민들도 힘들고 물량 부족으로 오를 대로 오른 과일과 채소값에 서민들 장바구니도 휘청거린다고 뉴스마다 야단이다.
　가을에는 모든 게 결실의 계절답게 풍요로워야 하는데 그렇지 못하다. 그런 와중에 신문에 실린 고은리의 다랑이논은 컬러판으로 예쁘고 정겹기까지 하다. 다랑이논에서도 벼는 익어 고개를 숙이고 풍년을 노래하는 것 같아 이런 시

한 편을 썼다.

익어가는 가을

춘천시 동내면 거두리 다랑이논에 살고 있는 벼가
황금빛으로 물들었다는 신문기사와 함께
아침저녁 서늘한 바람이 가을소리를 몰고 온다.
높은 하늘만큼이나 으스대며 쑥쑥 자라는 가을꽃
심술궂은 가을 비바람에 과일은 땅으로 비행하고
속으로 병든 배추는 죄인처럼 고개 숙인 채
한숨짓는 주인들의 눈치만 살피며 안절부절못한다
올해는 풍년인가 했더니 날씨가 도와주지 않는구려
그래도 고은리의 마을풍경은 풍요롭고 평온하다
정겹도록 옹기종기 모여 앉은 마을의 집들이
고은리에 풍년이 왔다고 소곤소곤 속삭인다

가을에는 알곡이든 쭉정이든 추수해야 한다. 익지 않았다고 추수하지 않고 그냥 두면 그것은 버리게 되는 것이다. 잡초나 꽃들이 으스대며 잘 자라듯이 농작물도 악착같이 양분을 빨아 먹고 몸통을 키워야 하는데, 쑥쑥 자라야 할

여름에 잡초에게 양분을 많이 빼앗기고 억울해하다가 가을 추수 때가 되니 더욱 억울하고 주인 볼 면목도 없다.

우리의 인생도 마찬가지다. 추수하기 전에 무엇인가 열심히 찾아야 하는데 그것 또한 쉬운 일이 아니다. 요즈음은 100세 시대라 백세까지 산다고 하여도 나는 어느새 가을 맨 끝자락에 와있다. 그러니 계절로 따지면 익을 대로 익어야 하는데 아직도 덜 익은 과일로 남아있다. 백세를 채워 겨울까지 산다고 하여도 속이 꽉 찬 열매처럼 익을지 모르는데 가을이 왔다고 하여 내가 제대로 익었을 리가 없다.

부모님이 좋은 밭에 좋은 씨를 잘 뿌려 주어서 어느 봄날 새싹으로 태어났고, 그나마 시대를 잘 만난 덕에 체관을 통해 영양분 있는 비바람 맞고 꽃피우며 열매를 맺으며 꽉 찬 열매가 되기 위해 노력한다. 고은리의 노랗고 푸른 가을 다랑이논처럼 예뻐 보이고 싶은 가을이다. 가을에 풍만하게 익었던 열매도 겨울을 맞이하면 서서히 속으로 병들어간다. 그러기에 가을에 더 단단하게 익어야 겨울까지 지탱할 수 있지 않겠는가 한다.

2023년 《춘천여성문학》 31집에 수록

콧구멍 다리

무더운 여름 손자와 소양댐에 올라갔다. 휴일이라 주차장이 포화상태다. 차를 세울 수 없어 차 안에서 조금 쉬고 있으니 차 한 대가 빠져나간다. 재빨리 빈자리에 차를 세우고 계단을 따라 선착장까지 내려갔다. 배를 탈 것은 아니니 한 번 휘둘러보고는 도로 주차장 쪽으로 올라와 카페로 들어갔다. 이층에서 시원한 강물을 내려다보며 팥빙수를 맛있게 먹었다.

세월이 언제 흘러가는지도 모르게 종종걸음치다가 오랜만에 올라와 본 소양댐 주변이 많이 변했다. 전에는 댐으로 올라오면 길 양쪽에 장사꾼이 많아 이것저것 사 먹기도 하고 구경도 했는데, 그 노점이 모두 없어지고 도로가 깨끗하게 포장되어 있다. 어느새 이렇게 변했을까 봄 벚꽃이 피어도 가을 단풍이 붉게 물들어도 차를 소양댐 입구 넓은 주차장에 세우고 친구나 가족 하고 차를 마시거나 음식을 먹으면서 즐겼는데, 그 위쪽으로는 눈을 못 돌린 사이 추억한 자락은 소양댐의 역사 속으로 사라지고 없다.

오는 길에 콧구멍다리를 건넜다. 이곳은 달라졌다면 옆에 소양7교가 놓아지고 있다는 점이다. 제법 제 모습을 자랑하는 소양7교를 보면서 콧구멍다리와 격세지감을 느낀다.

가끔씩 콧구멍다리를 건너다닌다. 2015년 콧구멍 다리 옆에 다리를 또 놓는다는 뉴스를 듣고는 까마득하게 잊었었는데 지난 2017년 봄 콧구멍 다리 옆에 소양7교가 완성되면 콧구멍다리는 철거한다는 소식을 신문에서 접하고 금방이라도 그 다리를 못 볼 것 같은 아쉬움에 그 길로 차를 운전하여 콧구멍다리로 갔다.

다리 입구에 차를 세우고 다리 아래로 내려가 강바닥 평편한 돌을 딛고 카메라에 다리를 담기 시작했다. 카메라 속 사진을 언제라도 보겠다는 생각이다. 여러 장의 사진을 찍어서 집으로 돌아오는 내 마음이 흐뭇하다. 돌아오면서 이런저런 생각에 잠겼다. 의미 부여하는 것을 좋아하는 성격이라 우리 딸이 태어나던 1972년에 착공됐다는 콧구멍다리는 내게 늘 정겹게 다가왔다.

어린 딸아이가 무럭무럭 커가듯 콧구멍다리에서의 추억도 하나둘 쌓여갔다. 춘천시 동면 지내리와 신북읍 천전리를 연결해 주는 가교역할을 하는 콧구멍 다리! 그곳에 가면 늘 한가롭다. 다리 한쪽에는 자동차들이 줄지어 서 있고 강태공들은 낚싯대를 드리우고 세월과 고기를 낚는 모습은 낚시하지 않는 사람들에게도 즐거움을 주고 구경거리를 제공했다.

또 무더운 여름 시원하기로 이름난 곳이기도 하다. 친구들과 돗자리를 깔고 밤늦도록 수다를 떨기도 했고, 국민 먹거리 삼겹살파티를 하며 가족들과 즐겼지만, 지금은 할 수 없는 추억의 뒤안길이다. 10여 년 전만 해도 춘천시민들이 다리 옆 풀밭에 돗자리를 깔고 삼삼오오 모여 앉아 고기 파티를 하며 시원한 맥주 한두 잔에 더위를 식혔었다.

　좋은 자리를 차지하기 위해 저녁 일찍 동면으로 향하기도 했다. 야외에서 구워 먹는 삼겹살이 정말 맛있다고 입을 모으는 바람에 가족들을 즐겁게 해주기 위해 콧구멍다리 옆 풀밭은 나와 많이 친해졌다. 지금은 돈 주고 가라고 해도 안 갈 것이다. 살인진드기인지 먼지가 사람 목숨까지 노리고 있으니 마음 놓고 풀밭에 앉을 수도 없거니와 고기를 구워 먹다 걸리면 범칙금을 내야 하는 것은 아닌지 모르겠다. 예전에는 공지천 공원에서도 시민들이 고기 파티를 했는데, 어느 날부터 불을 이용한 취사 행위를 하다가 걸리면 범칙금을 낸다는 커다란 현수막이 펄럭이고 있다.

　서울 한강에 놓인 잠수교를 가끔씩 차를 운전하여 건너 다녔다. 기분이 색다르다. 이 콧구멍다리도 길이는 짧지만 소양강 물에 잠기는 잠수교다. 다리 양쪽 입구는 높은데 차 머리를 들이대면 경사가 져서 잠수교의 맛을 더 내고 있다. 콧구멍다리를 건너다보면 더욱 멋진 풍경을 느낄 수 있다. 다리를 건너며 차 안에서 소양7교를 바라보면 꽤 높은 것 같은데 실제로 그리 높은 다리는 아니다. 요즈음은 소양7교도 제 모습을 찾아가고 있어 머지않아 개통이 될 것이다.

　내가 이 콧구멍다리에 더욱 애착을 느끼는 것은, 몇 년 전 2년 동안 동면 월곡리 마을회관에서 춘천시청에서 시행하는 농촌특화사업으로 마을주민을 대상으로 일주일에 두 번씩 한글과 한지 공예를 가르치러 다니며 이 길을 지나다녔기 때문이다. 밖에서 일하기 나쁜 한여름과 추운 겨울에는 낮에 수업하였고, 봄가을 농촌 일손이 바쁠 때는 농사일을 마치고 저녁 8시부터 수업했는데, 마을 길을 익히고 싶어 옥광산 앞을 지나서 가면 도로가 포장되어 좋지만, 굳이 마을회관에서 금옥골 비포장길을 지나 콧구멍다리를 건너 신북읍을 거쳐 소양2교를 지나 집으로 오곤 했다.

마을회관에서 비포장도로는 경사진 곳이고 돌멩이가 튀어나온 곳이 많아 차가 덜커덩거리고 먼지가 났지만, 그 길을 빠져나와 동네 입구 시멘트 바닥 길을 지나며 한숨 고르고 콧구멍다리에 들어서면 소양강 물의 시원함이 차 안으로 스며든다. 그 멋에 콧구멍다리를 지나 집으로 오곤 했다.

밤 시간에는 그 길은 무서워 못 다니고 마을회관에서 옥광산 앞을 지나 동면 파출소 앞에서 우회전하여 후평동 외각도로를 타고 봉의산을 끼고 돌아 소양강처녀상을 지나 집으로 왔는데, 2년의 수업 기간이 끝나고 오랜만에 그 동네가 궁금하여 월곡리로 향하니 어느새 금옥길 비포장도로가 깨끗하게 포장도로로 바뀌어 있었다. 넓어진 길을 넘으면서 흙먼지 날리던 옛길을 회상해 보았다.

소양7교가 개통되면 신북읍 천전리 쪽에서 금옥길 고개를 넘어 옥광산까지 힘들지 않게 갈 것이다. 춘천은 물론 전국적으로 도로망이 확충되고 새로운 다리가 놓이고 시시

때때 변하는 지역 지도를 만드는 데는 많은 인원 동원과 경제적 도움이 없이는 이루어질 수 없다. 너도나도 도로 건설과 다리 놓는 데 한몫하고 있는 셈이다.

춘천 소양강에도 벌써 7교가 완성단계에 있다. 하지만 평범한 소양7교보다는 다리 밑에 뻥뻥 구멍이 뚫려 콧구멍을 닮았다 하여 세월교보다는 콧구멍다리로 더 유명한 이 다리는 춘천의 역사이자 소양강의 명물이다. 나는 이 다리를 철거하지 말고 유유히 흐르는 소양강과 함께 춘천시민들의 추억을 잉태한 다리로 영원히 남아있었으면 좋겠다.

우리들은 사는 동안 내 나라 땅이지만 처음 가본 곳도 있고 가보지 못한 곳도 많이 있고 수도 없이 다녀본 곳도 있다. 특히 우리들의 이동을 도와주는 도로는 대부분이 걷기보다는 차량으로 다니지만 이 콧구멍다리는 사십 년 넘게 보행자와 차량이 공존하며 세월을 흘려보냈다. 몇 년 있으면 우리 딸도 오십이 된다. 콧구멍다리도 오십 년을 바라보는 긴 역사를 오래 간직했으면 좋겠다. 앞으로도 콧구멍다리를 사랑하는 춘천시민들과 관광객이 많았으면 하는 마음이다.

―2019년 《춘천문학》 31집에 수록

풍물시장 지킴이 김유정과 점순이

 장미꽃이 열정을 쏟아내는 오월, 곳곳에 보이는 것이 붉은 장미꽃이다. 예전처럼 여러 가지 색깔의 장미꽃을 볼 수 없는 게 아쉽기는 하지만 담장 위를 장식한 장미꽃 행렬로 세상이 아름답게 보인다. 텔레비전 화면을 가득 채운 각양각색의 장미꽃을 보면서 아름다움에 취해 찬사를 보내기도 한다.
 계절에 맞춰 피는 장미꽃도 아니고 장미의 계절과도 상관없는 노란 생강나무꽃을 자주 볼 수 있게 되었다. 내가 사는 아파트 뒷산에도 생강나무가 있어 봄이면 노란 꽃과 인사를 하는데 지난해 어느 날부터 사시사철 노란 꽃과 인사를 한다.
 또 우리 동네에 새살림을 차린 유정 선생과도 자주 만난다. 뭐 그렇다고 애첩을 얻어 살림을 차린 것은 아닌데 소문이 떠들썩하게 살림을 차린 것이다. 24시간 점순이와 단둘이 있으니 그런 소문이 날 만도 하다. 욕심이 많아시인지 아니면 짧은 생을 살다 간 것이 억울해서 더 많은 사람을 만나고 싶었는지 모른다.
 어쨌든 유정 선생이 우리 동네에 있다는 것만으로도 마음이 흐뭇하다. 철도 하부 공간에 형성된 풍물시장의 지킴이가 되어 사람이 있든 없든 잠도 안 자고 밤낮으로 시장을 지키고 있다. 오일장 날은 수많은 사람이 모여 떠드는 소리가 엄청 시끄러울 텐데도 눈살 한번 찡그리지 않고 점순이와 사랑에 빠져있다.

우리 아파트 옆문으로 나가면 우측 바로 앞에 건널목이 있다. 이 건널목을 건너면 바로 풍물시장과 연결된 건널목이 나온다. 신호도 연이어 바뀌기 때문에 바로 풍물시장 입구에 도착하게 된다. 입구 양쪽에는 시골에서 농사지은 농산물을 바닥에 진열해 놓고 팔고 있는데 전에는 그 사이로 풍물시장에 들어갔는데 유정 선생이 지킴이로 온 후에는 왼쪽으로 차량이 진입하는 주차장 쪽을 택해서 걸어간다.

차를 운전하고 갈 때는 대충 보면서 지나가지만 걸어서 갈 때는 그림도 자세히 들여다보고 글도 읽으면서 나도 여유를 부려본다. 첫 번째 철로 기둥에는 '동백꽃' 소설 속에 나오는 유정과 점순이 수탉 두 마리가 그려져 있는데 살아 숨 쉬는 듯한 수탉 모습에 절로 힘이 솟아난다. 두 번째 기둥에는 점순이가 감자를 내미는 장면이다. 그림을 보고 있으면 "느네 집에 이거 없지" 하며 감자를 먹으라고 하고는 생색내는 모습이 떠올라 절로 웃음이 나온다.

점순이가 그렇게 감자를 가지고 생색을 내니까 올봄 감자값이 꽤나 비싸 '금자'라고 부른다며 시장 안에서도 감자값이 비싸다고 아우성이다. 세 번째 기둥에는 호의를 베풀다 거절을 당한 점순이의 볼이 붉게 물든 것을 그려 놓았는데 현실감이 든다. 호의를 베풀려면 감자를 그냥 줄 것이지 "느네 집에 이거 없지" 하고 무시하면서 주면 누가 고맙게 받아먹겠는가, 그래도 동백꽃을 손에 들고 있는 점순이 모습이 영락없는 '동백꽃' 속의 주인공임을 말해주고 있다.

네 번째 기둥에는 호의를 거절당한 점순이가 암탉에게 분풀이하는 그림이다. 점순이가 암탉을 몰래 때리고 있는데 집안에서 담장 밖으로 고개를 내밀고 자기 닭이 점순이에게 두들겨 맞는 꼴을 지켜보는 사내의 마음은 어떠했으랴. 그래도 다음 기둥에는 활짝 핀 동백꽃 속에 나란히 서 있다.

여섯 번째 그림은 닭에게 고추장을 먹이는 중이고, 일곱 번째 기둥에는 먼저 닭싸움을 붙이는 점순이와 함께 아주 용감해 보이는 닭 네 마리가 있는데 그중 한 마리는 손에 쥐고 있다.

그림을 감상하며 발걸음을 옮기다 보면 어느새 시장 정문에 와있다. 좁은 마당은 이쪽저쪽을 연결해 주는 징검다리 역할도 해주고 특히 올봄 새로 시작한 풍물새벽시장이 열리는 곳이기도 하다.

잠시 걸음을 멈췄다가 천막이 쳐져 있는 응달 길을 따라 걸었다. 이곳에는 "김유정의 동백꽃과 농촌문화"란 제목 이래 남녀 고무신 두 켤레가 사람들의 시선을 사로잡는다. 다음 기둥에는 호드기를 불며 닭싸움을 시키는 점순이가 얄밉고 억척스러워 보인다. 호드기를 부는 아가씨와 지게를 진 총각은 전형적인 우리의 옛 농촌 모습이라 정겹다. 초가 집도 추억을 불러일으킨다.

  다음 그림은 점순이에게 복수라도 하듯 지게작대기로 점순이네 닭을 단매에 때려죽이는 장면이다. 얼마나 아팠을까, 닭이 아닌 사람으로 태어났으면 좋았을 텐데. 여전히 그림 속에는 그 비싸다는 감자가 소쿠리 안에 가득하다.

  다음 기둥은 산나물 코너다. 점순 아가씨가 귓속말로 소곤거리며 사내를 달래고 있다. 역시 채반에는 산나물이 먹음직스럽게 담겨있다. 다섯 번째 기둥에는 농촌 들녘의 평화로움이 연출된다. 들판에 나란히 누워있는 청춘 남녀의 사랑의 속삭임이 들리는 듯하다.

  맨 마지막은 춘천의 명소를 소개해 놓은 곳이다. '춘천과 낭만의 도시'라는 이름으로 실레마을 김유정역 공지천유원지 춘천물레길 의암공원 춘천문학공원 국립춘천박물관 강원도립화목원이 자리를 잡았고 그중 춘천문학공원에는 "영원한 청년작가 김유정"이 새겨져 있다.

  소설을 읽을 때처럼 짜릿한 맛은 없지만 한눈에 들어오는 그림들은 소설 장면을 잘 그려내고 있다. 낡은 담벼락에 벽화를 그려 넣으면 온 마을이 생기를 찾듯이 풍물시장의 버팀목인 철로 기둥에도 김유정의 소설 '동백꽃'을 재연해 놓았기에 한층 깨끗하고 품위가 있어 보인다. 그림 그리느라 고생은 했겠지만 많은 사람이 그림을 보고 즐거워한다면 이것 또한 좋은 일이다.

  춘천 실레마을을 전국에 알린 유정 선생님 덕분에 춘천

풍물시장도 유명해지리라 생각한다. 밤낮없이 풍물시장 지킴이로 봉사하는 유정 선생과 점순이의 공로를 생각해서 시장 상인들의 생각도 조금은 변해야 하지 않을까.

―2018년 《강원문학》 50집에 수록

학창시절

학창시절은 두고두고 생각해도 아름다운 추억들이 쌓였던 좋은 시절이다. 대부분 사람들이 그렇게 생각하지 않을까 싶다.

그런데 그 대부분을 차지하는 학생들 틈에 끼이지 못하고 학창시절을 지옥 같았다고 표현하는 사람들이 있다. 얼마나 학교생활이 힘들었으면 가본 적도 없는 지옥에 비유했을까.

가끔 뉴스를 타고 유명해지려는 사람들 발목을 잡는 일이 일어난다. 간호학과 교수로 임명되려던 간호사 간부에게 후배 간호사가 갑질을 당했다고 들고 일어난 것이다. 학교폭력이 아닌 직장폭력이다.

가수로 유명해지려는 순간 학창시절 폭력을 당한 학생이 반기를 들어 그가 학창시절 친구들에게 폭력을 행사했다는 소식은 어이가 없다. 예쁘고 청순한 얼굴로 학급 친구들을 괴롭힌 짓은 흔히 말하는 얼굴값도 못했던 학생이 아니었나. 얼굴이 예쁘면 그 얼굴에 어울리는 예쁜 행동을 했어야지 말이다.

실화를 바탕으로 한 〈이것은 실화다〉와 부부 클리닉 〈사랑과 전쟁〉 두 편 드라마는 모두 학창시절 폭력을 행사한 가해자와 폭력을 당한 피해자가 어른이 된 후 우연히 만나게 되면서 피해자가 가해자에게 복수를 시작하여 두 가정 모두 파탄이 나는 내용이다.

학창시절 같은 반이던 두 학생은 어른이 되어 같은 동네에 살게 되었다. 그것도 무슨 운명인지 폭력에 시달리던 학생은 건물 주인이고 폭력을 행사했던 학생은 그 건물 세입자였다. 우연히 배달 왔던 친구를 만나게 되면서 옛날 학창시절 일이 생각나 보복을 결심한다.

양쪽 남편 모두 이런 사실을 모르고 결혼생활을 했으나 두 가정 모두 파탄으로 끝난다. 학창시절 아무리 젊은 피가 끓어도 또 공부하기 싫어도 나름대로 다른 취미를 찾아야지 친구를 괴롭히는 재미로 학교에 다녔다는 것은 이해하기 힘들다. 결국 피해자는 자퇴하고 스스로 생을 마감하려고 했으니 얼마나 억울한 학교생활인가.

또 다른 가해 학생은 친한 친구들과 떼를 지어 다니며 돈도 없고 백도 없는 친구를 수시로 괴롭힌다. 지갑을 몰래 친구 가방에 넣어 놓고 친구에게 도둑 누명을 씌우고 학교 창고에 친구를 가두고 그대로 가버리는 행위, 돈 많은 가해 학생 어머니에게 죄송하다고 무릎까지 꿇어야 했던 수모는 어린 학생에게 평생 잊지 못할 상처로 남아 있다.

원수는 외나무다리에서 만난다고 피해자가 다니는 회사에 가해자 남편이 팀장으로 오게 되면서 묵었던 복수의 칼에 힘을 가하기 시작했다. 그래서 학교폭력 가해자는 학창시절 과거가 남편은 물론 시어머니한테까지 밝혀지고 말았다. 학교폭력도 폭력이지만 더 큰 이유는 불량 학생으로 학창시절 임신을 했다가 낙태했다는 게 알려져 이혼당하게 된 것이다.

그런 중에도 피해자였던 학생은 진심으로 사과받기를 원했고 아무 잘못 없이 엄마가 가해자 엄마에게 무릎을 꿇었듯이 그 엄마도 자기 엄마 앞에 와서 무릎을 꿇으라고 하였는데, 결국 돈으로 떼어내려 하다가 딸의 인생이 쪽이 나고 말았다. 가끔은 어른들도 자기가 잘못해 놓고 남에게 뒤집어씌우는 사람이 있는데 물불 가리지 않던 학생들이 저질러 놓은 일은 평생의 족쇄로 남을 수 있다.

얼마 전 강원도 삼척에서도 학교폭력 가해자가 졸업 후에도 계속 피해자를 괴롭히다가 살인사건이 발생하고 말았다. 피해자가 얼마나 억울했으면 가해자를 죽이기까지 했을까, 피해자 아버지는 아들이 죄를 지었으니 벌은 받아야 하겠지만 그동안 아들이 당한 일을 생각하면 분통이 터진다고 했다.

나는 아침마당 〈도전 꿈의 무대〉를 즐겨보는데 지난주에는 박지후 청년이 나와서 자기 사연을 이야기하는데 어린 시절 부모가 이혼하고 아버지가 얻어준 단칸방에서 생활하던 중 학창시절 부모가 없다는 약점으로 폭력을 당해 목숨을 끊으려고 하다 결국 고등학교를 자퇴하고 닥치는 대로 일을 하며 목숨을 연명했는데, 이제는 노래해야 하는 목적이 있어 죽을 수도 없다고 했다. 매주 수요일 아침마당 "도

전 꿈의 무대"에서 가족이나 친지의 응원군도 없이 혼자 나와 노래하는 것을 처음 보고 안쓰럽기 그지없었다. 처음 자기를 소개할 때 눈물이 흐르고 목이 메어 제대로 말을 잊지 못할 때 나도 모르게 따라서 눈물이 흘렀다.

지금 생각해도 내 학창시절은 부모님의 덕으로 또 선생님들 사랑으로 행복하고 즐거운 시절이었다. 부모님께서 정성과 사랑으로 키워주신 보답을 하기 위해 학교생활을 착실하게 했고, 선생님들이 귀여워해 준 보답으로 선생님 말씀을 잘 들었다.

중학교 졸업식장에서 졸업생 300명을 대표해 나는 선행상을 받았다. 졸업식이 끝나고 졸업식장인 극장에서 나오신 아버지께서는 "오늘 아비는 기분이 매우 좋다. 우등상은 여덟 명이나 받았지만 착한 학생에게 주는 선행상은 우리 딸이 혼자 받았으니까" 하시며 매우 흡족해하셨다.

한 학년 네 반에서 한 반에 두 명씩 우등상을 주었는데 네 반 담임 선생님 만장일치로 선행상은 나에게 돌아왔으니 학창시절을 잘 보냈다는 것에 자부심을 가지고 지금도 만족해하고 있다.

─2024년 《강원문단》 4호에 수록

행사하기 좋은 날

지난 2월 17일에는 내가 참석해야 할 행사가 세 군데나 있었다. 이럴 땐 몸이 세 개였으면 좋으련만 그런 기적은 없으니 어느 행사에 참석할 것인가를 신중하게 결정해야 한다. 많은 모임을 하는 것도 아닌데 절반이 같은 날 행사가 잡혔으니 어쩔 수 없이 한 곳을 선택한다.

우선 제일 먼저 행사 일정이 잡힌 한국민화협회 총회에 불참하기로 결정했다. 한국민화협회에서는 2022년 11월 25일에 이사회를 하면서 2023년 2월 17일에 총회를 하기로 했는데, 그사이에 임기 만료된 회장 후보 등록 결과 현 회장이 단독 출마하여 누구를 찍어야 하는 회원 의무도 없어졌거니와 이사회에 참석했으니, 이번 총회에는 위임하기로 하고 총회 통보가 오자마자 위임 문자를 보냈다.

그다음은 춘천문인협회와 한국수필가협회 중에서 택일해야 하는데 그리 어려운 문제는 아니었다. 2022년 12월 2일에도 한국수필가협회 송년 행사와 춘천문인협회 문학의 밤 행사가 같은 날이라 한국수필가협회 행사 참여를 뒤로 하고 춘천문인협회 문학의 밤에 참석했으니, 미련 없이 공평하게 춘천문인협회에는 위임하고 한국수필가협회 이사회에 참석하기로 했다. 위임하면서 춘천문인협회 총회에 내가 참석하면 건의하고 싶었던 두 가지 안건을 사무국장에게 챙겨달라는 부탁도 잊지 않았다.

　2월 17일 새벽 일찍 집을 나섰다. 다른 때는 서울로 갈 때 거의 ITX를 타고 가는데 오늘은 버스를 타는 게 조금이라도 걷는 시간이 짧았기에 춘천에서 버스를 타고 동서울터미널에서 내려 2호선 전철을 타고 가면 바로 사당역까지 가기 때문에 쉽게 갈 수 있다. 조금 일찍 우리가 타고 갈 관광버스로 갔더니 언제나 반갑게 반겨주시는 이사장님과 늘 책임감으로 회원들을 챙기는 사무총장이 먼 데서 일찍 왔다며 맞이한다.

　누구 한 사람 늦지 않게 버스에 탑승하여 정각 9시에 서울을 떠나 인천으로 달렸다. 이번 이사회를 관광버스까지 타고 인천 여행을 하게 된 것은 아직은 코로나 여파로 적당한 모임 장소와 많은 사람이 함께 점심을 먹을만한 식당이 마땅치 않아서 바람도 쐬고 인천에 있는 '한국근대문학관 기획전시관'을 관람할 겸 그곳으로 잡은 것이다. 참 좋은 생각이다.

　문단 생활 30여 년에 관광버스 안에서 이사회를 하기도 처음 있는 일이다. 시간도 절약되고 넓은 행사장이 아닌 좁은 버스 안이라 더 오붓한 회의를 할 수 있었다. 인천에 도착해 문학관 관람을 하고 단체 사진도 찍고 '차이나 거리' 주변을 구경하고 다시 버스에 올라 영종도 바닷가 소나무 식당에서 생선구이로 점심을 먹었는데 정말 맛있었다. 생선

비린내도 전혀 나지 않고 홍합과 조개, 숙주나물을 넣어 끓인 국물은 시원하다는 찬사가 여기저기서 들려온다.

　점심을 먹고 다시 버스로 이동하여 영종도 오션뷰 어시장 횟집 10층 카페에 갔는데 확 트인 실내가 한눈에 들어와 시원하다. 강릉 안목 커피 거리는 거의 한쪽만 바다가 보이는 반면 이곳 카페는 3면으로 바다가 보여서 우리 회원들도 자유롭게 삼삼오오 모여 앉았다. 커피를 마시고 같은 테이블에 앉았던 문우들이 밖에 나가 바다 구경을 하자고 자리에서 일어났다.

　그런데 나가면서 내가 턱에 걸려 엎어지는 바람에 한바탕 소동이 일어났다. 수필가들은 오랜 연륜이 쌓인 만큼 연세가 높으니 한 살이라도 적게 먹은 내가 커피 쟁반을 들고 가다가 그만 턱에 걸려 엎어지고 말았다. 물론 마시다 남은 커피는 바닥에 쏟아져 직원이 막대걸레로 쏟아진 커피를 닦고 이사장님은 놀라서 달려와 현장을 확인하고 더 큰 사고 나기 전에 밖으로 나가자고 했다.

　별로 아프지 않아서 안 아프다고 하고 집에 왔는데, 결국은 다리가 아파 절름거리고 다녀야 했기에 지난 3월 4일에 개최된 새학국문학회 상반기 시상식에는 참여하지 못했다. 그래도 천만다행인 것은 스커트만 즐겨 입고 다니는 내가 그날은 관광버스를 타고 여행을 간다고 안에 기모가 들어 있는 두꺼운 바지를 입고 간 덕분에 지금 다리가 무사하다. 평소처럼 치마를 입었다면 다리가 부러졌거나 인대가 늘어났을 것이다. 이래서 사람은 늘 감사하며 살아가야 한다.

 잘못한 것도 없는데 며칠 후 필히 전화하여 자기가 말을 걸어 내가 엎어졌다고 미안하다며 걱정하는 선배 수필가의 인정도 함께 배워본다. 그날 차 안에서는 오랫동안 한국수필가협회 사무국장을 하셨던 이숙 선생님이 16일 타계하셨다는 소식에 모두 말을 잇지 못했다. 요양원에서 97세까지 생활하시다 이승을 떠나신 선배 수필가님의 명목을 빌어 드린다. 내가 강원한국수필가협회 회장을 할 때 이숙 선생님은 인천한국수필가협회 회장이어서 우리 행사 때 춘천에서 1박 2일을 같이 보내면서 추억을 쌓기도 했다.

 지난 13일에는 93세에 타계하신 강원도 평창 출신 김병권 수필가님 조문도 다녀왔는데 벌써 한국수필가협회 어른들께서 올해 들어 여러 분 돌아가셔서 안타깝다. 시인들보다 수필가들은 연령이 높다. 오랫동안 글을 써 오면서 나이가 든 원로수필가도 많지만, 많은 사람이 퇴임한 후에 수필 작가 반열에 오른다는 것도 한몫하고 있다.

 협회마다 마땅한 날을 잡다 보니 이렇게 행사가 겹쳐서 곤란하기도 하지만 어쨌든 2월 17일은 해도 잘나고 날씨가 좋아서 행사하기 좋은 날이었다. 행사하는 날에 날씨가 좋은 것도 큰 행운이다. 이런 좋은 날씨라는 것을 미리 점치고 정한 것은 아닐 텐데 세 건의 행사가 같은 날이라 나는 고심하여 참석과 불참을 결정해야 했다.

―2023년 《춘천문학》 35집에 수록

횡단보도에 그려진 화살표의 의미

　이 세상에 길이 없다면 사람은 물론 자동차, 비행기, 배, 심지어 짐승과 하찮은 벌레까지도 제대로 이동할 수 없다. 그 옛날 선조들이 한복에 짚신을 신고 한양으로 넘나들던 길이, 여러 차례 고쳐지면서 신작로가 생기고 하늘길이 열리고 뱃길도 열려서, 현시대에 이렇게 편안하고 자유롭게 길을 다니고 있는 것이다.
　지금은 자동차 홍수 속에 살고 있다. 자칫 잘못하면 교통사고로 이어진다. 자동차는 찻길이 아니면 갈 수 없다. 인도로 차가 가면 교통법규 위반이 되고, 사고가 나서 인도로 올라가면 인도로 돌진했다고 하지 인도로 갔다고 하지 않는다. 자동차가 다니는 길은 도로라는 명백한 사실을 사람들은 알고 있다.
　그런데 이렇게 자동차가 다녀야 하는 길을 잘 알고 있는 사람들도 사람들이 다녀야 하는 길은 아직도 잘 모르는지 지키지 않는 사람들이 무수히 많다는 얘기다. 게다가 자가운전을 하는 사람들도 잘 지키지 않으니 참 딱한 노릇이다.
　자기가 운전하고 갈 때 무단횡단을 하는 사람을 발견하면 모두 깜짝 놀란다. 거의 사고에 직면한 상태라면 자동차 창문을 열고 큰소리를 치거나 심하면 욕설까지 퍼붓는다.

사람들이 무단횡단을 하다가 사고가 나도 거의 운전자 책임이라고 하니 운전자들이 날을 세울 수밖에 없다.

그렇다면 횡단보도는 왜 있는 것일까, 횡단보도가 왜 있는지 모르는 사람은 없을 것이다. 횡단보도는 즉 자동차와 사람들이 적당한 시간 거리를 두고 안전하게 자동차가 가고 다음에는 사람들이 건너고 질서를 지키자는 의미다. 그런데 이 짧은 몇 초 몇 분을 기다리지 못해 무단횡단을 하거나 신호가 미처 바뀌기도 전에 도로로 진입하는 사람도 있는데 모두 교통법규 위반이고 사고를 불러오는 요인이 된다.

횡단보도를 건너면서 나는 늘 불쾌감을 느낀다. 길을 건너는 사람들이 길바닥에 그려 놓은 화살표를 지켜 다니지 않기 때문이다. 화살표는 도로를 예뻐 보이라고 그려 놓은 것도 아니고 자동차가 보고 다니라고 그려 놓은 것도 아니다. 화살표는 횡단보도 오른쪽에 그려져 있다. 이것은 서로 우측통행을 해서 질서를 지키고 안전하게 길을 건너라고 그려놓았다. 그런데 대부분 사람들이 이를 무시하고 마음대로 건너는데, 더 웃기는 것은 어쩌면 지키는 사람보다 안 지키는 사람이 훨씬 많다는 것이다.

나는 횡단보도를 건널 때 반드시 화살표를 따라 건너며 다른 보행자는 얼마나 질서를 지키고 안 지키는지 비교해 본다. 그 결과는 앞에 말한 대로 안 지키는 사람이 더 많다는 결론이다. 모두 오른쪽으로 다니면 부딪히지 않을 것을 남의 길로 들어서서 서로 엇갈리기도 하고 손에 물건을 들었을 때는 더욱 큰 충격을 받는다. 심지어는 손에 들었던 물건이 땅에 떨어지는 것도 볼 수 있다.

반대쪽 사람이 내가 가는 쪽으로 오면 나는 절대로 비켜주지 않는다. 가끔 다른 사람과 몸이나 물건이 부딪히면 화살표대로 다니라고 꼭 한마디 한다. 이 오른쪽 통행은 짧은 거리지만 화살표에는 큰 의미가 있다. 횡단보도 왼쪽 앞에는 달리던 차가 모두 정차하게 되어있다. 그러니 제동거리가 길어져 횡단보도에 닿았을 때 오른쪽으로 건너는 사람은 그만큼의 여유 거리를 유지할 수 있고, 반대편에서 오던 사람들도 자동차 멈춤을 보고 조심해서 길을 건널 수 있는 것이다.

횡단보도는 거의 두 개로 그어져 있다. 그리고 오른쪽 입구에는 모두 화살표가 두 개씩 그려져 있는데, 이 화살표를 잘 지켜 횡단보도를 건너다니는 것은 운전자들이 교통법규를 잘 지키는 것만큼 중요하다. 심지어는 요즈음 노인들이 교통캠페인을 한다고 교육을 받고 오면서 대여섯 명이 우르르 왼쪽으로 횡단보도를 건너가는 것을 보니 괜히 화가 난다. 횡단보도 건너는 교육은 받지 않았나 보다.

얼마 전에는 횡단보도에서 신호가 바뀌기를 기다리며 오른쪽에서 서 있는데 반대쪽에서 신호 바뀔 때를 기다리는 틈새를 빠져나와 횡단보도에 켜진 빨간불을 무시하고 길을 건너오는 사람이 있었다. 도저히 참을 수 없어 "빨간불인데 왜 건너오세요" 하고 소리를 쳤더니 "예, 그냥 건너는 거요." 하는데 더 어이가 없는 것은 이 할아버지 모자와 가슴에는 무슨 훈장인지 단체 표시인지 주렁주렁 달고 행사에 참석했다 오는 모양인데, 횡단보도는 빨간 불일 때 건너라고 누구도 교육시키지 않았을 텐데 그렇게 행동하고 있었다.

옆에서 함께 신호 바뀌기를 기다리던 사람들도 그 할아버지를 막지 못하고 무심히 보고만 있다가, 내가 빨간 불인데 왜 건너시냐고 소리치자 오히려 내가 신기한 듯 수근거리며 쳐다보고 있다. 그런 사람은 누군가가 자꾸 그런 행동을 지적해 주어야 그 버릇을 고칠 수 있는 것이다. 횡단보도에 그려진 화살표 다시 한번 확인하고 우측통행으로 안전하게 건너다녀야 사고를 줄일 수 있다.

횡단보도에 그려진 화살표를 지키지 않는 사람은 노인들 뿐만이 아니다. 젊은 사람들도 화살표에 대한 개념이 없다. 몇 년 전에는 공지천 공원 부근 횡단보도를 건너는데 에티오피아 방향으로 건너는 사람은 나 혼자이고 반대편에서는 젊은 남녀가 조그만 손수레를 밀고 화살표 반대편에서 건너온다. 자기네 생각에는 자기네는 수레를 밀고 가니 내가 비켜주리라 생각했는데 당연히 나는 비키지 않고 내 길을 고수해 오니 서로 어깨가 부딪쳤다.

알아들을 만한 젊은이들이라 "화살표대로 다닙시다" 했더니 깜짝 놀라 얼른 반대편으로 간다. 화살표대로 건너자는 내 말에 즉시 반응을 보이는 것을 보니 공지천에 꽃 심는 것을 보러 나온 공무원인 것 같았다. 그 사람들은 횡단보도에 그려진 화살표의 의미를 잘 알고 있지만 습관이 되어 생각 없이 아무 쪽이나 다니는 것이다. 조금만 신경 쓰면 고쳐질 것인데.

―2024년 《강원문학》 56집에 수록

| 제5부 |

올해는 내 세상이 될 거야

토끼해엔 토끼가 주인

돋보기로 보는 세상

새벽 4시면 배달되는 신문을 보기 위해 제일 먼저 돋보기를 사용한다. 다른 사람들은 대충 큰 제목만 본다고 하던데 나는 지방 신문에 난 지역의 세세한 이야기까지 거의 읽어본다. 그러니 돋보기를 안 쓰면 신문을 읽을 수 없다. 책도 마찬가지다. 물론 찌푸려 가며 읽으면 읽을 수 있겠지만 눈이 더 나빠질까 염려되어 돋보기를 꼭 쓴다. 돋보기를 써도 약이나 화장품의 설명서는 정말 보기 힘들다.

오래전 처음 돋보기를 마련할 때 돈을 좀 들여 좋은 제품을 구입했다. 돋보기케이스도 금속으로 된 그럴싸한 물건이었는데 거실 바닥에 놓인 돋보기를 내 실수로 바닥에 앉는다는 게 무거운 엉덩이로 돋보기케이스를 깔고 앉은 것이다. 물론 그 안에는 돋보기도 있었으니 함께 부상당해 뒤틀렸다.

안경점에 가서 고쳐달라고 했더니 나사만 갈아 끼우면 된다며 수리비가 만 원도 아닌 만 원 정도라며 나사를 구입해 봐야 안다고 이틀 뒤에 오란다. 이틀 뒤 안경을 찾으러 가서 수리비를 물었더니 직원이 적어놓은 대로 만 원 정도라고 대답한다. 도대체 이 '만 원 정도'는 만 천 원을 내라는 것인가 구천 원을 내라는 것인가, 일단 만 원짜리 지폐 한 장을 주고 집으로 왔다.

만 원 정도 주고 고친 돋보기가 알은 그대로니 보는 것에는 별 문제가 없는데 돋보기를 쓰고 거울을 보면 한쪽은 내려가고 다른 한쪽은 올라가 있다. 엉덩이 밑에서 곤혹을 치른 대가를 그대로 표출하는 것이다. 벗어 놓았을 때도 돋보기 다리가 그대로 뒤틀려 있으니 아무리 신경을 안 쓰려고 해도 자꾸 신경이 쓰인다.

다시 고쳐달라고 할까 하다가 겨우 만 원 정도 주고 고쳐온 것을 또다시 고쳐달라 하기 싫어서 돋보기를 새로 사려고 마트에 갔다. 이름을 말하자 만 원 정도의 손님인데도 컴퓨터에 입력되어 있어 내 전화번호를 확인한다. 눈 검사를 하고 주인이 권하는 대로 보라색 안경테로 바꿨다. 거금을 주고 구입했던 금속 테 안경에 비하면 절반도 안 되는 가격이다. 새 돋보기를 쓰니 기분도 좋아졌다.

우선 금속 테는 전형적인 돋보기 형태였는데 새로 산 돋보기는 말 안 하면 안경으로 알 정도로 보통 안경과 별반 차이가 없다. 안경케이스도 내가 쓰고 다니는 안경케이스와 사이즈도 같아서 안경케이스 하나로 돋보기를 쓸 때는 안경을 케이스에 넣고, 안경을 쓰고 외출할 땐 돋보기를 넣어서 어디서든지 조그만 글씨를 볼 수 있는 무기로 모시고 다녔다.

그런데 어느 해 '한국수필가협회' 송년 행사에 참석하기 위해 서울에 가려고 남춘천역으로 갔는데 역에서 동생 부부를 만났다. 제부가 서울 병원에 예약을 해 놓아서 병원에 가는 길이란다. ITX열차표를 제만큼 샀으니 동생 부부는 7호칸이고 나는 3호칸이다. 동생과 이런저런 얘기를 하면서 동생 얼굴을 쳐다보니 오늘따라 웬 주름이 그렇게 많은지 나도 몰래 "왜 이렇게 주름이 많이 생겼냐"고 물으니 글쎄 늘 그대로인데 하는 것이다. 내 눈에는 분명 엄청 굵은 주름이 얼굴을 덮었는데 동생은 늘 그대로라고 한다. 기차에 앉아 생각하니 동생이 안쓰러웠다. 고생은 안 하고 사는 사람인데 무슨 일이 있기에 얼굴에 주름이 저렇게 생겼을까.

청량리역에서 1호선으로 종로5가역에서 내려 행사장인 '교회 백주년기념관'에 도착했다. 언제나 일찍 다니는 습관이 있어 이날도 행사 시간보다 훨씬 일찍 도착했다. 더 일찍 온 회원 십여 명이 있고, 곧바로 아는 회원들 몇 명도 왔다. 그런데 그 사람들도 많이 늙어 주름이 굵게 보이는 것이다. 오랜만에 만나서 그사이 모두 늙었나 하고 생각할 때 사무국장이 "심 회장 오늘 얼굴이 더 환해졌네" 하는 소리에 깜짝 놀라 화장실로 들어가 거울을 보니 이걸 어쩌나 안경을 두고 돋보기를 쓰고 서울나들이를 했으니, 킥하고 웃음이 나왔다. 검은 테 안경에서 보라색 테로 바뀌었으니 얼굴이 밝아 보였던 것이다.

누구보고 돋보기를 쓰고 왔다고 할 수도 없고 웃음을 참으며 행사장에 들어가 앉았다. 돋보기 덕분에 나누어준 유인물은 잘 보여서 좋은데 이 실수를 회원 누군가가 알아차릴까 신경 쓰였다.

행사가 끝나고 인사동에 가서 색 한지를 사 오려고 돋보기를 쓰고 색깔을 고른 다음 안경은 그냥 놓고 돋보기만 쓰고 역으로 갔던 것이다. 멀쩡한 동생을 주름 많은 노인으로 둔갑시킨 돋보기, 나는 요즈음도 돋보기 때문에 깜짝깜짝 놀란다. 설거지와 청소를 잘한다고 했는데 급하게 돋보기를 쓰고 주방에 가면 양념 묻은 것이 그대로 있고, 화장실에 가면 바닥에 이물질이 그대로 남아있다. 돋보기로 보는 세상이 진짜 모습이라는 것을 실감하는 시간이다.

이렇게 돋보기로 보는 세상은 현실과 많이 다르다. 요즘 내년 대선을 앞두고 상대방에게 돋보기를 들이대고 지저분한 것 찾기에 열을 올리고 있다. 누가 더 맑은 돋보기로 상대의 이물질을 발견하느냐에 따라 승패가 달려있는 선출직 후보자들, 돋보기로 보면 안보이던 지저분한 곳도 모두 보이니까 상대가 찾아내기 전에 지저분한 곳이 없도록 평상시 청결하게 청소했어야 문제가 안 된다.

돋보기란 조그만 눈알 두 개가 지켜보고 있다는 것을 잊지 말고, 한겨울의 하얀 눈처럼 깨끗한 후보자들이 많아야 우리나라가 참 살기 좋은 세상이 될 것 같다.

―2021년《한국수필》12월호에 수록

문화의 꽃이 활짝 핀 영월

　내가 영월을 처음 가본 것은 90년대 중반 체신청 모니터를 하면서 영월우체국을 다녀온 일이다. 그 후 영월을 찾았던 것은 강원도 영월은 볼거리가 많은 고장이기 때문이다. 모두 박물관이나 고씨동굴, 별마루천문대를 구경하기 위해서였다. 박물관도 다양했다. 책박물관. 곤충박물관, 사진박물관, 민화박물관 등 하루에 구경하기는 버거울 정도로 볼 게 많았다.
　게다가 왕릉이며 청룡포같이 단종 유배지에 얽힌 사연이 있는 곳과 방랑 시인 김삿갓문학관이 있어 전국의 문학인들을 많이 모이게 하는 곳이 영월군이다. 강원도의 작은 시골 마을에서 이렇게 큰 행사를 치를 수 있는 것은 최명서 영월 군수님을 비롯해 영월 군민들의 마음이 모여지지 않았다면 이루어낼 수 없는 업적이다.
　춘천에서 출발해 원주를 경유하여 영월 입구에 들어서면 조선 6대 임금인 단종의 한 맺힌 삶과 만나게 된다. 단종역사관을 두루 살펴보며 역사의 순간순간 억울했던 비운의 단종 임금께 위로의 마음을 보낸다. 깨끗하게 정리된 단종 임금의 능을 보면 어린 열두 살 그의 청순함이 묻어나며 마음이 짠하다. 유네스코 세계유산으로 등재된 장릉은 조선

왕릉 중 유일하게 비수도권에 있는 유적지다.

출생 다음 날 어머니가 돌아가시고 10세 때인 1450년 아버지인 문종이 왕으로 즉위하여 왕세자로 책봉되었는데, 문종이 사망하자 12세의 어린 나이에 왕위에 올랐으나 숙부인 수양대군에게 왕위를 찬탈당하여 한국역사에서 가장 비운의 왕이 된 단종 임금. 잘못 없이 궁궐에서 쫓겨나 낯선 땅 영월에 유배되었을 때 얼마나 참담했을까, 죽임을 당하여 강물에 버려진 시신을 묻어준 엄홍도 같은 충신이 있었기에 오늘과 같은 화려한 축제의 날도 있는 것이 아닐까, 단종문화제에는 각처에서 관광객이 몰려와 축제 분위기다. 특히 2025년 단종문화제에 맞춰 한국문인협회 수필분과에서 주최하는 수필의 날 행사가 이곳 영월에서 개최되어 강원도민으로 또 한국문인협회 수필분과회원으로 대단한 자부심을 느낀다.

영월군은 사람들을 모으는 데만 그치는 게 아니라 상금도 두둑하게 내놓는다. 김삿갓문학상 상금을 2천만 원을 주는가 하면, 김삿갓문화제 때 조선민화박물관에서 주최하는 전국민화공모전 '대상' 상금도 지난해부터는 3천만 원으로 인상되었으니 많은 사람이 공모전에 응모하고 있다. 이번 수필의 날 행사에도 영월문화관광재단 박상헌 대표께서 지원해 주셔서 행사를 성황리에 마칠 수 있음에 감사드린다. 또한 한국문인협회 김호운 이사장님과 권남희 수필분과 회장님의 리더십에도 박수를 보낸다.

산 언덕바지에 허름한 민화박물관을 지어 지금까지 성장시켜 온 오석환 조선민화박물관 관장님의 열성도 영월군의 지도에 큰 획을 긋고 있다는 것을 알 수 있다. 전국에서 많은 민화작가가 영월을 찾아오고 기라성 같은 시인들이 문학상에 응모하며 영월과 함께 성장하고 있다.

영월은 나와도 무관하지 않다. 친정어머니는 영월신씨이고, 부모님이 젊은 시절 영월 주천에 잠시 살기도 하셨단다. 엄마의 고희 기념으로 외국 여행을 가자고 권하는 아들딸 청을 사양하고, 일요일을 택하여 내가 가족들과 함께 영월 나들이를 한 것도 볼거리가 많았기 때문에 가능했다. 시인인 동생은 시인으로 등단하기 전 김삿갓백일장에서 시를 지어 장원을 했다. 나는 조선민화박물관에서 주최하는 전국 민화공모전에 작품을 출품했는데 입선 중에 1등이다. 한 명만 따라잡았으면 특선하는 것인데 아쉽기도 하지만 어차피 특선이나 입선은 상금이 없으니 크게 기대할 것도 없다. 춘천여성문학회 회장을 맡았을 때도 문학기행으로 영월을 다녀와 회원들이 영월의 많은 곳을 보고 즐길 수 있었다.

또 영월군에서는 김삿갓문화제 때 여러 문학 단체가 참여할 수 있도록 관광버스를 지원해 주는가 하면 1박 2일 숙식도 무료 제공이다. 참가자들이 보내온 작품으로 시화를 제작하여 시화전을 열어주고 책자를 발간하면서 문화예술을 꽃피우는 데 앞장선다. 춘천문인협회 회원으로 함께 시화전을 한지도 꽤 오래되었다.

충절의 고장! 박물관의 고장! 인심이 후한 군민이 살아가는 고장! 영월에는 언제나 문화의 꽃이 활짝 피어있다.

―2025년 《한국문협》 〈수필분과 수필의 날〉 영월에 관한 글

백담사를 찾아서

지난주에는 오랜만에 백담사로 가을 나들이를 갔다. 인제 용대리 꽃축제장을 갈까 하다가 2주 전에 철원 고석정 꽃밭에 가서 꽃구경을 마음껏 하고 왔으니 꽃축제장을 지나 만해 마을로 갔다. 차를 타고 가면서 꽃축제장을 보니 역시 휴일이라 주차장이 포화상태다.

만해 마을 주차장도 여전히 초만원인데 오후 늦은 시간이라 백담사에 올라가는 버스에는 별로 손님이 없다. 아슬아슬한 좁은 길을 마을버스는 잘도 오르고 내려오지만 난 언제나 불안한 마음으로 목적지까지 간다.

냇물이 아주 맑아 그 맑은 물에 반해 백담사를 오를 때 고운 단풍보다는 바닥까지 들여다보이는 맑은 물 쪽을 보면서 다니는데 올라갈 때보다 내려올 때가 더 무섭다. 혹시 마을버스가 낭떠러지로 떨어지지나 않을까 하는 걱정이다. 길은 좁은데 가드레일도 없으니 위험하다 인도도 제대로 되어있지 않지만 등산객들이 가끔씩 걸어서 오르내린다.

지난해인가, 외지에서 온 고등학생들이 맑은 물이 바닥까지 보이니 물이 얕은 줄 알고 다이빙하였다가 깊은 물 속에서 빠져나오지 못하고 목숨을 잃었다는 뉴스는 많은 이들의 가슴을 쓰리게 했을 것이다.

백담사에 도착해 넓은 강과 백담사 경내를 보면 언제 그런 걱정이 있었나 싶게 마음이 확 트인다. 백담사 마당에서 승하차장까지 내려가려는 행렬이 꼬리에 꼬리를 물고 있다. 단풍잎을 닮은 노란색과 빨간색이 섞인 등산복은 따로 사 입었겠지만 모두 단체복이 되어 한 팀으로 보인다.

문학단체에서 문학기행을 왔을 때 어느 작가는 "백담사는 원래 유명하지도 않던 곳인데 전두환 전 대통령이 칩거하면서 유명해졌다"고 말했던 것처럼 그래서인지 백담사를 찾는 전국의 관광객이 참으로 많다.

한나라 대통령이 국민들에게 수많은 죄를 짓고 백담사에 숨어 살다가 결국 사후에 국립묘지에 안장되지 못하였으니 참 안타까운 일이다. 정치를 떠나 한 인간으로 본다면 처량하고 불쌍하기 짝이 없지만, 지은 죄는 달게 받아야 하는 게 또한 국민이며 우리 사회이니 한 생을 제대로 살려면 많은 노력이 필요하다.

그 당시는 강원도 사람 무시해서 죄지은 대통령이 강원도에 왔다고 엄청 시끄러웠지만 그 덕분에 백담사가 유명한 사찰이 되어 관광객이 줄을 서서 찾아온다면 강원도도 손해 본 일만은 아닌 것 같다는 생각이다.

오래전 내가 춘천문인협회 사무국장을 할 때 강원문인협회 행사를 백담사에서 1박 2일로 하게 되었다. 당시 강원문인협회 회장과 입적한 조오현 스님이 친분이 있어 필히 백담사로 오라고 청하신 것이다. 게다가 각 지부 대항 장기

자랑을 한다고 하여 춘천문인협회 사무국장이던 나는 급히 회원 8명을 불러 댄스스포츠로 장기자랑을 하기로 하고 춘천예총 사무실 옆 공간에서 맹연습했다. 결국 중도에 두 명이 탈락하고 여섯 명이 끝까지 연습하여 춘천문인협회가 최우수상을 받았다. 그런데 전달이 제대로 되지 않아 참가한 팀이 별로 없었다는 것이다.

어쨌든 땀 흘리며 연습한 결과로 춘천문인협회가 우승하였고 나는 그날의 그랑프리가 되었다. 저녁을 먹은 후에는 오현 스님과 전상국 소설가의 요청으로 앙코르공연까지 하며 추억을 쌓았는데, 오현 스님이 입적하고 나니 강원문인협회와 백담사도 인연의 끈이 멀어졌다.

이런저런 추억을 회상하며 우리 일행은 백담사 경내를 구경하고 시원한 물도 한 모금씩 마시고 사진도 찍고는 경내에 있는 찻집에서 차를 마시며 휴식을 취한 뒤 밖으로 나왔는데, 백담사 마당에 구급차가 있는 게 아닌가. 의아하게 생각하고 있는데 지나가는 관광객이 산행 온 사람이 발목을 접질려서 걸을 수 없어 구급차가 왔다고 하는 소리에 의문이 풀렸다.

버스를 기다리는 손님은 승강장에서 백담사 마당까지 몇 줄씩 겹쳐 서 있다. 밀리고 밀리는 다리 위에서 나는 빨간 단풍나무 사진 찍기에 바빴다. 아직 단풍철이 아니라 새빨갛게 물든 한 그루 단풍나무가 유난히 붉게 발악한다. 저녁노을 빛보다 붉은 단풍잎을 카메라에 담아서는 내 차례가 되어 버스에 올랐다. 한 사람만 더 타고 나는 다음 차 맨 앞 좌석에 앉기를 바랐는데 나는 맨 뒷자리로 밀려 들어갔다.

어둑어둑해지는 날씨에 맑은 시냇물도 볼 수 없다. 더구나 일행들이 걸어간다고 먼저 내려갔기에 차를 타고 가면서 어디쯤 왔는지 확인해야 하는데 어두워진 날씨에 맨 뒤에 앉아 일행을 찾아보려 하였으나 보이지 않는다. 다행히 버스보다 조금 늦게 일행들이 도착했다.

전깃불이 마중하는 주차장에 내려 우리 일행은 더 밝은 불빛을 따라 식당으로 들어갔다. 황태구이, 황태해장국, 산채비빔밥, 해물파전을 주문하여 먹으며 오래전에 강원문인협회에서 1박 2일 동안 백담사에서 머물렀던 추억을 떠올려 본다.

―2023년 《한국수필》 7월호 강원도 회원 수필 특집에 수록

봄은 희망이다

입춘이 지났다. 동갑내기 수필가가 '立春大吉'이란 글씨를 멋지게 써서 문자로 보냈다. 그림도 잘 그리고 글씨도 잘 쓰는 수필가라 연말이나 특별한 날에는 그 실력을 유감없이 발휘한다.

입춘이 지나면 나날이 다르게 봄소식을 날라오는 시간은 떠밀지 않아도 잘도 흘러가고 있다. 겨울이 언제 지나가고 봄이 오려나 하고 기다렸지만 소리 없이 봄은 문턱에 와있다. 밖은 을씨년스러운 가을 같지만 발코니의 꽃들은 봄을 노래하며 튀어나올 준비를 하고 있다.

텔레비전 화면에 환하게 웃고 있는 아나운서의 옷소매 길이도 짧아졌고 색상도 고운 봄빛으로 바뀌었다. 지난주는 파란색, 그 다음 주는 핑크색, 드디어 개나리의 상징인 노란색까지 등장하여 봄소식을 알리며 시청자들의 눈과 마음을 사로잡는다.

강진에서 사계절 볼 수 있다는 모란이 화원 속에 흐드러지게 피었다. '부귀영화'를 상징하는 모란꽃을 우리 국민 모두 마음에 담아 2018년에도 좋은 일만 있었으면 하는 마음이다. 6시 내 고향이 전해주는 다육식물원도 봄이 왔다고 함께 속삭인다.

주위에는 어린 중학생이 고등학생이 되었고 응석 부리던 어린 꼬마 아이도 초등학생이 되었단다. 모두 큰 희망의 노래를 부르며 새로운 것에 도전한다. 친구도 새로 만나고 새 선생님도 만난다. 학교도 바뀌어져 모두 새로운 환경 속에서 들뜬 마음으로 이 봄을 보내리라.

내 인생의 봄은 계절과도 잘 맞았다. 음력 2월이 생일이라 계절의 영향을 받아서 그런지 사계절 중 봄은 내가 제일 좋아하는 계절이다. 봄에는 모든 게 희망이 있다. 여인네의 가벼운 옷차림은 보는 이의 마음을 즐겁게 하고, 밭 갈고 씨 뿌리는 농부들은 대지에 새 생명을 불어넣는다. 겨우내 얼어붙었던 땅을 사랑으로 녹여 먹을 것을 주고 달래가며 일 년 농사를 부탁한다.

씨 뿌리기가 잘되어야 농촌에 풍년이 온다. 가을에 그냥 풍년이 오는 게 아니다. 봄을 맞아 쉴 틈 없이 일하는 농부들 덕분에 가을 먹거리가 풍부해진다. 풍년이 오는 추수의 계절 가을보다 봄을 좋아하는 이유는 가을은 추수가 끝나고 나면 삭막하다. 나뭇가지에 아름답게 매달려 있던 단풍도 땅에 떨어지면 그대로 천덕꾸러기가 되고 늦가을 서리 맞은 국화는 처량하다 못해 마음이 아프다. 병들어 쇠약해지는 우리 인간의 모습이 떠오른다. 그러니 활동하기 불편한 여름과 겨울도 나는 좋아하지 않고 늘 봄을 좋아하며 기다린다.

내 인생도 나이로 치면 어느새 가을이 되었다. 그래도 나는 봄을 좋아하며 기다린다. 나날이 변해가는 자연환경에 환호하며 밖으로 나가 보련다. 노란 개나리에 이어 목련꽃이 흐드러지게 피고 민들레가 발아래서 발바닥을 간질이면 까르르 웃으며 도망가고 할미꽃을 보면서 돌아가신 내 어머니 모습을 그려 보련다.

올봄에는 여행을 가볼 계획이다. 비행기나 배 타고 가는 것은 사절이라 기차나 승용차로 여행을 가볼까 한다. 비행기나 배 타고 가는 여행은 가지 않기로 마음먹은 지 오래되었다. 비행기 여행은 지루하고 높이 올라가면 귀에 느끼는 통증도 고통이고, 배는 뱃멀미가 고통스러워 싫다. 또 다른 이유는 비행기나 배의 큰 사고는 모두 사망과 연결되어 이 세상에 한 번 태어난 인생, 나는 그렇게 죽기는 싫다고 말해서 사람들을 웃기기도 한다.

외국 여행이나 제주도를 많이 가지는 않았지만 문학단체에서 가는 '문학심포지엄'이란 타이틀로 몇 번 다녀왔는데 그 후로는 제주도 여행도 사절이다. 생각해 보면 우리나라에서도 못 가본 곳이 정말 많다. 산수가 아름다운 우리나라를 모두 구경하는 것도 시간이 부족하겠다. 계속 여행만 다닐 수도 없으니 이틀 정도 구경하고 집으로 와야 내 일상생활을 유지할 수 있으니, 이렇게 여행해서 언제 우리나라 곳곳을 여행할까 싶지만, 꽃이 많이 피고 꽃축제가 열리는 곳이라면 되도록 가보려고 한다.

대표적인 벚꽃축제는 많은 곳에서 열리고 있으니 마음 내

키는 대로 발길 닿는 대로 가면 되고, 매화축제 산수유축제 할미꽃축제도 봄에 열리는 축제이니 그곳에도 다녀올 것이다.

 털 코트를 벗고 얇은 코트를 입고 다니니 마음이 상쾌하고 몸은 한결 가볍고 봄이 왔다는 실감이 난다. 이제 머지않아 피어오를 아지랑이를 기다리며 내 발길은 화원으로 향하고 있다. 온갖 꽃들이 봄 노래 부르느라 정신이 없다. 구경꾼이 있든 없든 그들의 봄 노래는 끝나지 않는다.

 희망이 있기에 열심히 봄 노래 부르며 즐거워할 것이라는 생각이 든다. 그래, 그래서 나도 봄을 좋아한다니까, 봄은 희망의 계절이니까. 희망찬 봄을 맞으면서 올해도 멋진 인생을 살아 보리라고 야무진 꿈을 꾼다.

―2018년 《푸른솔문학》 봄호에 수록

성공한 인생

얼마 전 경암 선생님 문학관 개관식에 다녀왔다. 26년의 인연이란 참으로 긴 세월인가 보다. 나도 나이를 많이 먹었지만 경암 선생님도 어느새 팔십 대에 접어들었다. 십여 년 전 방배동에 문학관을 개관하였을 때는 그렇게 성공한 인생이란 생각이 들지 않았다. 다만 평범한 사람은 아니고 특별한 사람이라는 생각만 했다.

그러나 이번에 충북 증평군 도안면 화성리 450번지에 세워진 문학관을 보고는 참으로 대단한 분이라는 생각을 했다. 우선 소월 김정식 선생님과 함께 문학관을 건립했다는 데 대단한 의미가 있다. 경암 선생님이 《수필과 비평》 발행인일 때 그 문학지를 통해 내가 수필가가 되었다는 것과 선생님께서 제정하신 '소월문학상'을 제6회에 수상하였다는 인연은 문학관과도 대단한 인연이다.

또 내가 소월문학상을 탄 것을 좋아하는 이유는 소월 선생님의 시 때문이다. 학창시절 〈진달래꽃〉보다 〈산유화〉를 좋아하고 즐겨 외웠던 것은 "갈 봄 여름"이라는 말에 정감이 갔기 때문이다. 평범한 사계절 봄 여름 가을 겨울이 아닌 "갈 봄 여름 없이 꽃이 좋아 산에서 사노라네"하고 시를 외우면 내가 그냥 시인이 된 듯한 착각을 일으키며 마음이

설렜다.

　그렇게 학창시절부터 좋아하던 소월 선생님과 문학 인생에서 처음 만난 경암 선생님 호를 따서 문학관을 개관했으니 내 평생 가슴에 담고 갈 이름이다. 더욱 경암 선생님의 유년시절과 청소년 시절의 가정환경을 알게 되면서 지금의 현실을 어찌 성공한 인생이라 말하지 않겠는가.

　그 모진 고난의 길을 이겨내고 부를 얻었고, 한의사와 시의원 또 문학회 이사장이라는 명예도 얻었지만, 지금도 쉬지 않고 일하시는 성실함은 후배 문인들에게 귀감이 되고도 남을 것이다.

　각고의 노력 끝에 좋은 땅을 구입하여 건물을 짓고 문학관을 꾸미어 드디어 2019년 여름 성공한 인생으로 우뚝 선 경암 선생님 참으로 대단하다. 절친했던 문인도 소원(疏遠) 했던 문인도 함께 불러들여 '황동판 손도장'을 만들어 벽에 전시하면서 공유하려는 마음에 넉넉한 여유가 보인다. 보통 성공하는 사람들은 부를 축적하여 물질로 성공하는 데 비하여 선생님께서는 정신적인 성공으로 미래를 위한 기틀을 마련하셨다.

　개관식 날 참석한 문인들도 많았고 또 문학관 비품 구입비에 힘을 보탠 사람들이 많다는 것은 그만큼 다른 사람들에게 베풀어 온 보답이라고 생각하니 이것 또한 성공한 인생이다.

　지나간 세월들이 손을 흔들며 지나간다. 주위 사람들로

하여 큰 상처를 입기도 했지만, 거센 파도를 이겨내고 잔잔한 모래밭에 서서 보니 황금돼지해처럼 누런 금빛이 빛을 발하고 있음을 온몸으로 느낄 수 있을 것이다.

과연 우리의 삶에서 성공한 인생이 얼마나 되며 성공의 척도는 무엇을 기준 해야 할지는 모르지만 지금의 경암 선생님은 성공한 인생이다. 본인이 살아온 흔적들을 후세에 물려 준다는 것은 참으로 대단한 일이다.

내가 수필가가 된 후 문학관 개관식에 세 번째 참석이다. 첫 번째는 춘천 실레마을에 있는 '김유정문학촌'과 강화군에서 개관한 '조경희문학관' 그리고 이번에 '소월·경암 문학예술관'이다. 저마다 특징을 가지고 살아오신 삶만큼 자랑할 것도 많은 분들이다. "호랑이는 죽어서 가죽을 남기고, 사람은 죽으면 이름을 남긴다"는 말처럼 네 사람 모두 이름 알리기에 충분하다.

김유정! 조경희! 김정식! 이철호! 문단의 선배들이 자신의 삶을 여러 사람에게 알리게 되었으니 후배 문인으로 내 마음도 흐뭇하다. 물론 전국의 문학관마다 훌륭한 선배문인들의 업적을 칭송하는 행사가 많이 있고 훌륭한 선배문인들이 많지만 조금의 성의를 표하며 개관식에 참석했던 선배님들 이름만 불러본다.

춘천시와 강화군처럼 지방자치단체에서 만들어 놓은 문학관이 아니라 반대로 사비를 털어 문학관을 세우셨는데 사후에는 증평군에 기증하기로 한 경암 선생님의 마음 씀

쏨이도 감동이 아닐 수 없다. 이 모든 것이 재력이 있었기에 가능했고 글을 쓸 수 있는 능력이 있었기에 가능하다. 누구는 존경하고 누구는 시기와 질투를 하고를 떠나서 팔십 세에 접어든 선생님의 인생은 성공이다.

'소월·경암문학예술관'이 날로 발전하여 후배 문인들의 등불이 되어준다면 이보다 더 큰 영광이 있겠는가. 문학관 개관식을 다녀온 후 줄곧 '성공한 인생'이란 단어가 머릿속에서 맴을 돌고 있다.

―2019년 《한국수필》 8월호에 수록

소중한 인연의 고리

　지난 6월 17일 '새한국문학회 강원지회' 이름으로 처음 문학기행을 떠났다. 아직 끝나지 않은 코로나 사태로 많은 인원이 참석하지는 못했지만 오붓하게 여행을 떠났다.
　목적지는 증평에 있는 소월·경암문학예술기념관과 청주에 있는 운보미술관이다. 2019년 6월 5일 개관한 문학관은 소월 선생님과 경암 선생님의 문학적 업적을 잘 살려놓은 곳이다. 게다가 경암 선생님은 한의사와 서울시의원 시절 발자취까지 두루 살펴볼 수 있었다.
　경암 선생님과의 인연이 30여 년이 되었다.《수필과 비평》 발행인이시던 1995년 1월 호로 나는 수필가로 등단했다. 문인으로 처음 맺은 인연이다. 당시 수필과 비평 주간이던 정주환 교수님과 함께 경암 선생님은 새내기 수필가인 나를 인정해 주시며 멀리 강원도에서 왔다고 잘 챙겨주셨다. 나 또한 내 책임을 다하기 위해 서울 행사 지방행사 가리지 않고 참석하여 수필가들과 친분을 쌓아갔다.
　1997년 문학회 행사로 처음 떠났던 제주도 행사는 지금까지 잊지 못한다. 2박 3일의 제주도 행사는 '한국수비문학회' 회원뿐 아니라 선배수필가들도 많이 참석했다. 이 행사에서 많은 수필가와 인연을 맺게 되었고 경암 선생님과는 더욱 깊은 인연의 고리를 맺게 되었다. 그 후 서울 방배동 선생님 건물 4층에서 자주 회의하고 문학 토론을 하며 지금까지 긴 세월 인연의 연결고리를 이어가고 있다.

경암 선생님께서 '한국수필가협회' 이사장 당시 전국에서 처음으로 '강원한국수필가협회'를 창립하도록 도와주셨고 이어 '경기한국수필가협회' '부산한국수필가협회' '인천한국수필가협회'가 탄생했다.

이철호 이사장에 이어 유혜자. 정목일. 지연희 이사장으로 이어지며 수필가협회와의 인연도 남다르다. 강원한국수필 제3집 출판기념회와 제2회 강원한국수필 문학상 시상식 때는 유혜자 이사장이 필히 춘천 행사에 참석하셔서 회원들을 격려해 주셨고, 정목일 이사장 재임 시 철원 행사와 원주 매지리 토지문화관에서 1박 2일 행사, 지연희 이사장 재임 시. 화천 '이외수문학관' 문학기행은 강원한국수필가협회 회원들도 참여하여 함께 수필의 폭을 넓혀갔다. 또 행사 때마다 단체 문자가 아닌 일일이 이름과 직책을 써서 메시지를 보내시던 장호병 이사장님의 정겨움과 성의도 내 마음에 간직하고 있으며, 협회 창립을 주도하셨던 《한국문인》 발행인 이철호 이사장님이 '새한국문학회' 행사를 1박 2일 인제 만해 마을에서 개최했을 때도 우리 회원이 참석하여 인연의 끈을 이어갔다. 그렇게 새한국문학회와 한국수필가협회에서 많은 사람과 인연을 맺게 되었고 좋은 문인들도 많이 만났다.

그러던 중 벽을 뛰어넘지 못하는 장르와 세계적인 부랑아 코로나19 사태로 침체기에 들어선 '강원한국수필가협회'의 존폐를 내게 맡긴 회원들을 위해 과감히 협회 이름을 '새한국문학회 강원지회'로 바꾸기로 경암 선생님 허락하에 2022년 1월부터 활동했다.

16년이란 세월이 흐르는 동안 창립회원이던 최복형 아동문학가, 최인숙 수필가가 활동할 수 없을 만큼 고령이 되었고, 중간에 입회한 최문식 수필가, 이희성 수필가도 건강 상태와 고령으로 참여가 힘들어졌다. 또 타계하신 창립회원 중 50대 동화작가 민현숙을 시작으로 금희성 수필가, 심성구 수필가, 박유석 시인, 진호섭 아동문학가, 최종남 소설가, 김남석 수필가께서 우리 곁을 떠나셨다. 다시 한번 고인들의 문학활동을 추억해 본다.

새로 한국수필가협회 이사장을 맡은 최원현 수필가한테는 미안한 마음도 있지만 이렇게 할 수밖에 없었다. 최원현 이사장과는 제20회 동포문학상을 같이 받으며 맺어진 인연이 있고 나는 한국수필가협회 이사로 조금이라도 도움이 되려고 노력한다.

현재 한국수필가협회 부이사장이며 한국문인협회 수필분과 회장인 권남희 수필가의 배려로 수필의 날 행사에서 '2022년 수필 작품상'을 수상한 영광도 오래 간직하며 수필 창작에 애정을 쏟아본다.

이렇게 협회 이름을 바꾸고 나니 타 장르 회원들은 환영의 뜻을 보낸다. 2018년 '강원한국수필' 제13집을 끝으로 2019년 동인지 발간비 5백만 원을 '강원문화재단'에서 지원받게 되었으나 지원금을 반납하고 3년을 쉬게 되었다. 또 앞으로 회장의 일을 덜기 위해 본회 동인지를 내지 않고 연 1회 《한국문인》에 강원도 회원 특집을 싣기로 하고 이번 호에 강원도 회원 작품을 수록하게 되었다.

3년의 공백기를 지내고 이제 새로 시작해 올 6월 3일 문학관 3주년 기념행사에 참석하려 하였으나, 회원들의 사정을 고려해 6월 17일 일정을 잡아 회원들과 함께 문학관을 찾았는데, 모두 경암 선생님의 업적에 감탄하며 대단한 분이라고 몇 번이고 말한다. 또 멋진 문학기행을 계획해서 좋았다고 내게도 고맙다고 하니 다행이다.

처음 전북 전주에서 맺은 인연은 전주에서 서울로 또 서울에서 충북 증평으로 이어졌다. 우리들의 인연은 더러는 악연도 있지만 대부분 좋은 인연으로 이어간다. 이제 경암 선생님도 연세가 드셨고 나 또한 젊은 나이가 아니지만 아직은 살아볼 만한 세상이고 문학 활동을 할 수 있는 현실이 좋은 인연의 고리가 아니겠는가, 세상의 많은 인연 중에 문학인으로서 인연이라 더욱 소중하게 생각하고 싶다.

—2022년 《한국문인》 10·11월호 강원지회 특집에 수록

여자도 배포가 커야 한다

나는 늘 김금원을 배포가 큰 여자라고 생각했다. 14살에 남장을 하고 홀로 금강산을 여행한다는 것은 지금 생각해도 상상이 안 된다. 남자도 하기 힘든 일을 더구나 여자는 홀로 여행할 수 없던 조선시대에 남장을 하고 여행을 가겠다고 아버지께 허락받을 생각을 했다는 것만으로도 보통사람이 아니라는 것을 짐작할 수 있다.

조선 후기 여자들은 대문 밖을 마음대로 나다니지도 못하고 살아야 했다. 이런 억압에 저항한 여자가 겨우 열네 살에 남장을 하고 금강산을 다녀온 김금원이다. 금원이 금강산에 갔던 1830년대(순조30)에 조선에서는 청나라를 다녀온 기행문인(연행기)를 비롯해 〈금강산 유람기〉 등 각종 기행문이 성행했지만 문밖 출입조차 자유롭지 않았던 여성들은 여행기를 읽고 그저 상상할 따름이었는데 이런 관습에 도전한 사람이 바로 원주 출신 김금원이다.

몰락한 양반의 서녀였던 금원은 영특하여 금새 '사서삼경'을 통달했고, 기생 출신인 어머니는 딸의 글공부를 굳이 막지 않았다고 한다. 또 그가 글공부를 할 수 있었던 것은 몸이 병약하여 다른 일을 할 수 없었기 때문이며, 김금원이 가장 존경했던 사람은 같은 원주에 살았던 임윤지당이라고 한다.

몰락한 양반인 아버지와 기생 출신의 어머니 사이에서 태어난 금원은 기행을 끝내고 고향으로 돌아와 어머니의 신분을 따라야 하는 조선의 관습대로 기생이 되었다. 그때 시적 재능을 인정받아 금원은 추사 김정희의 6촌 형제인 김덕희의 소실이 되어 한양으로 이사를 했다고 한다.

또한 개방적인 집안이긴 했지만, 딸이 혼인하기 전이라도 여성이라는 신분적 제약에서 벗어나 자유롭게 살도록 도와준 아버지도 참 대단한 사람이라는 생각이다. 그것도 특히 강원도 원주에서 그런 배포 큰 여성이 태어나서 살고 있었다는 것은 두고두고 강원도의 자랑거리로 역사에 남아있다.

조선의 여인!

강원도의 여인!

원주의 여인으로 알려진 조선의 최초 여성 여행가 김금원!

김금원이 원주 사람이라고 밝혀지지는 않았다고 한다. 그러나 관동의 봉래산 사람이라고 밝힌 것에서 그의 고향이 원주였다는 것을 추측할 수 있단다. '배'맛 역시 봉산에서 나는 배보다 맛이 뛰어나다는 구절이 『호동서락기』에 쓰여 있는데 봉산은 강원도 원주에 있는 산중 하나로 봉산 아랫마을이 봉산동이다. 따라서 김금원의 출생지는 봉산 어디쯤이라고 짐작할 수 있다고 한다.

열네 살이던 1830년 오랜 설득 끝에 부모님의 허락을 받아 제천의림지를 시작으로 단양, 영춘, 청풍을 거쳐 금강산, 관동팔경, 설악산, 서울 등을 여행하고 새로운 세계에 대한

견문을 넓혔다고 하니 조선시대에 이런 배포를 가진 여성이 또 있었겠는가, 아버지가 마련해준 여행경비와 겸제의 금강전도가 그에게는 크나큰 힘이 되었을 것이다.

　김금원이 조선 말기(1851년 간행)에 간행한 책으로 제천의림지 유정사, 시유경사 등을 수록한 시집『호동서락기』가 있다. 이때 김금원은 시를 지으면서 시단을 형성하였는데 이것도 조선 최초 여성 시인들의 시 모임이다. 이때의 동인들이 기생인 김운초, 경산, 박죽서, 경춘 등이었으며, 김덕희 별장인 용산 삼호정에서 시 모임을 하였다 하여 '삼호정시사'란 이름이 붙었다. 그 시대에 시문 단체를 만든다는 것도 대단한 배포가 아니면 힘들었을 것이다. 게다가 김경춘은 금원의 친동생이며 같은 운명을 타고난 자매이기에 그도 주천 홍태수의 소실이며 기생 출신이다. 뿐만 아니라 회원 모두가 소실인 동시에 기생 출신이다.

　1850년(철종 1)에 호동서락기를 탈고하고 1851년(철종 2)에 죽서 시집 발문을 썼다고 한다. 일찍이 충청도, 강원도, 황해도를 여행했고, 조선시대 순조 17년(1817)에 태어났는데 사망 년대는 미상이며 '삼호정 시단' 동인으로 활동하였다고 한다.

　어쨌든 배포가 크고 시문에 능하여 조선시대 여성 최초라는 타이틀을 두 개나 거머쥐었다. 여성 최초 금강산 여행가이며, 여성 최초로 여성 시단을 창립한 김금원의 용기와 재능에 감탄하며 후세인으로 열심히 따라가야 할 것 같다.

―2025년 《춘천여성문학》 33집 김금원 특집에 수록

오랜만에 만난 전주

올해 한국문인협회 수필분과 수필의 날 행사를 전주에서 개최하게 되었다. 처음 21회 수필의 날 행사를 전주에서 한다는 소식을 접하고는 내심 반가웠다. 옛 친구를 만나러 가는 것처럼 반가운 이유가 내게 있었기 때문이다.

전라북도 전주는 내가 등단수필가로 첫발을 내디딘 곳이다. 우연한 기회에 《수필과 비평》이란 문예지를 접하게 되었는데 책 속의 주소가 전주로 되어있었다. 중앙이라고 말하는 서울이 아니고 지방이라는 것이 좀 마음에 걸리기는 했지만 문예지는 괜찮은 것 같아 신인응모요령대로 수필 다섯 편을 우편으로 보냈더니 얼마 후 당선통지서가 왔다.

문예지가 격월간지인데 새해가 좋을 것 같아 1월호를 선호했더니 다음 해인 1995년 1·2월호에 내 작품이 등단작품으로 실리고 상패를 받으러 오라는 공문이 왔다. 1995년 1월 5일 새벽 춘천을 출발해 전주에 도착해 전주호텔에서 문학 행사를 했다. 먼저 등단한 선배 수필가들과 원로 문인들이 참석해 자리를 빛내 주셨다. 그때 당시 《수필과 비평》 발행인이 이철호 선생님이었고, 주간은 호남대학교 정주환 교수님이 맡고 있었다.

시상식이 끝나고 저녁을 먹은 후 유흥시간까지 즐기며 등단 축하를 받았다. 얼마 전 고인이 되신 김 학 선생님이 끝까지 자리를 함께하며 오늘 저녁 그랑프리를 뽑는다며 내 손을 잡아 번쩍 들어 올렸다. 그렇게 인연이 된 김 학 선생님은 행사 때 자주 만났었는데 갑자기 세상을 떠나셨으니 인생의 끝자락이 허망하다는 생각이 든다. 타계하지 않으셨다면 이번 행사에서 만나 반가워하셨을 것이다.

유흥시간이 끝난 후 타지에서 온 회원들은 버스를 타고 이동하여 송산모텔에 여장을 풀었다. 넓은 방에 빙 둘러앉아 자기소개를 하는데 내 차례가 되어 강원도 춘천에서 왔다고 소개하자 모두 깜짝 놀랐다. 그 먼 강원도에서 여기까지 왔느냐고 한마디씩 한다.

다음 날 새벽 잠에서 깨어나 보니 밤새 하얀 눈이 내려 깨끗한 전주의 인상을 남겨 주었다. 상을 받은 날밤 눈이 내렸다며, 앞으로 좋은 일 있을 거라고 또 축하를 해주었다.

이렇게 시작된 전주와의 인연은 '수비문학회' 행사 때마다 거의 전주를 찾게 되었다. 《수필과 비평사》 서정환 사장님이 차멀미를 심하게 하기 때문에 이동이 어려워 문학회 행사는 주로 전주나 대전 유성온천에서 하게 되었고, 서울에서 행사를 할 때면 사장님 대신 사모님이 참석하셨다.

내가 '수비문학회' 제8대 회장을 할 때까지 전주에 자주 갔었지만, 그 후 서울, 경기, 강원도, 충청도 회원이 모이는 '중부수비문학회'가 결성되면서 전주와는 거리가 멀어졌다. 그래도 전국 행사에서 '수비문학회' 회원들을 만나면 정말 반가웠다. 또 문학회 활동도 열심히 하는 모습들이 보기 좋았다.

참으로 오랜만에 이번 행사로 전주에 도착했을 때 전주시 덕진구란 지명을 보고 고향에 온 듯 반가웠다. 라한호텔로 가는 도로에 내가 오래전 승용차로 직접 전주를 방문할 때 이정표로 삼던 골목 진입로가 보이자 반가움을 금치 못했다.

이렇게 전주에서 시작된 수필 작가의 인생이 어느덧 30여 년이 되었다. 등단 후 내가 회장을 할 당시 서울 종로 신아타워에 '신아출판사'를 열어 개축 행사에 참석하기도 했지만 어쨌든 수필 작가의 시작은 전주였다. 지금은 수필과 비평사 사장님도 바뀌었다는데 서정환 사장님의 뒤를 이어 영원히 빛나는 문예지 《수필과 비평》이 지속되기를 기원해 본다.

또 이번에 들렸던 전북문학관, 전주한옥마을, 부채문화관도 크게 활성화되리라 생각하며 최명희 작가처럼 훌륭한 작가가 전북 전주에서 많이 나오기를 기대해 본다.

―2021년 수필의 날 행사로 《전북수필》에 수록

올해는 내 세상이 될 거야

2023년은 토끼해다. 육십갑자에 의해 계묘년(癸卯年) 토끼해라고 한다.

토끼는 검은색 토끼도 있지만 대부분 하얀색이다. 순백의 겨울눈처럼 하얀 털을 가진 토끼는 정말 귀엽다. 게다가 빨갛고 동그란 눈을 가지고 있어 더욱 선명한 색깔인 하얀 토끼털은 앙증맞기까지 하다. 어린 시절 그렇게 느꼈던 것이다.

고향이 시골인 나는 학창시절 많은 동물을 보고 자랐다. 시골집 넓은 터에는 여러 종류의 동물들이 함께 살고 있었다. 밭갈이하는 황소부터 송아지를 낳아주는 어미 소도 있었고 언제나 든든하게 집을 지켜주던 한 쌍의 개도 있었다. 또 매일 알을 낳아주는 어미 닭과 새벽마다 울어 잠을 깨우는 수탉도 있었고, 젖을 짜는 염소와 털을 깎아 양털 실을 만들어주는 양과 토끼도 있었다. 심지어 오리와 거위까지 키우셨다.

동물원도 아니고 무슨 동물농장을 하는 것도 아닌데 농협조합장이던 아버지께서는 그런 동물들을 취미 삼아 사오셨다. 그중에 제일 많이 키우던 것은 토끼와 닭이었다. 마당 옆 양지바른 곳에 토끼장을 놓아두고 토끼 몇 마리가 드나들 수 있는 구멍을 뚫어 언덕과 연결해 놓으면, 영리한 토끼들이 탄광에서 탄을 캐내는 광부들처럼 마당 옆 언덕에 동굴을 뚫어 놓고 수시로 드나들며 굴속에서 새끼를 낳아 기르면서 토끼들만의 세상을 만들어갔다.

누가 새끼를 낳았는지도 모른 채 어미와 새끼들이 번갈아 드나들며 종족 번식에 성공한 토끼 가족 중에는 이웃의 아래윗집에서 분양해 가기도 했다.

일명 토끼풀이라는 클로버가 무성하게 자란 앞뜰에 토끼를 풀어놓으면 어떻게 맛을 알았는지 다른 풀을 지나서 클로버밭으로 모여드는 토끼를 보며 정말 영리한 짐승이란 생각을 했다. 토끼들을 저녁때 집으로 몰아넣기 전까지는 동생들과 함께 토끼풀밭에서 토끼풀로 꽃반지와 팔찌를 만들기도 하고 행운이라는 네잎클로버를 찾느라 머리가 땅에 닿도록 들판을 헤집고 다니던 추억도 이 나이에 새롭게 살아난다.

달나라에 계수나무가 심겨있고 토끼가 약 방아를 찧고 있다면 달나라로 여행 간 사람들도 건강하지 않을까? 토끼는 달의 전령이자 장수의 상징으로 불로장생의 약 방아를 찧고 있는 영특하고 슬기로운 동물이라고 한다.

달 속에 정말 계수나무가 있고 토끼가 떡방아를 찧고 약 방아도 찧고 있을까, 어린 시절 무척이나 궁금했다. 달 속에서 계수나무는 어떻게 살고 있으며 토끼는 어떻게 달 속으로 들어갔을까 수많은 날 달을 쳐다보아도 답을 찾을 수 없던 어린 시절이 추억으로 다가온다.

　설화 속 토끼는 꾀가 많아 용왕님을 속이고 바다 밖으로 나와 죽을 운명에서 살아남았다. 토끼 말대로 세상에 간을 배 밖으로 꺼내 놓고 다니는 사람이나 동물은 없다. 그래서 십이지 네 번째 동물인 토끼를 의롭고 지혜가 있는 동물이라고 해석한다. 또 민첩한 토끼이지만 자기 꾀에 자기가 넘어가 거북이와 달리기 내기를 하면서 교만하게 잠을 자다가 느림보 거북이에게 달리기 내기에서 지는 수모를 겪기는 했지만 어쨌든 토끼는 꾀 많은 동물로 인식되어 있다.

　토끼에게 자리를 물려주고 떠나는 호랑이해에는 각종 선거로 많은 변화가 있었다. 대통령이 바뀌었고 각 시·군의 수장들이 바뀌었고 주민들의 심판을 받아야 하는 의원들도 희비가 엇갈렸다. 토끼와 거북이가 내기하듯 엉금엉금 기어서도 최선을 다한 후보자는 당선이 되었고 토끼처럼 깡충깡충 뛰었지만 국민과 주민의 표를 적게 받은 사람은 낙선이 되었다. 그렇다고 낙선된 후보자들이 선거기간 중 토끼처럼 교만을 떨고 잠을 잤다는 말은 절대 아니다.

　어떤 사람을 선택해야 할지 고민 속에 살아온 세월과 당락의 아픔이 채 가시기도 전에 일어난 서울 이태원 핼러윈 참사는 모든 국민들이 분노하는 임인년을 만들었다. 지금이 어느 시대인데 사람이 사람한테 깔려 죽었다는 현실은 눈으로 보고도 믿기지 않는 상황이다. 그 젊은 청춘들이 무슨 잘못이 있다고 떼죽음을 당해야 하는가 말이다.

우리의 수호신 호랑이가 지켜주지 못한 수많은 젊은이! 올해의 주인인 토끼는 동그란 눈을 크게 떠서 다시는 그런 참사가 일어나지 않도록 2023년을 잘 지켜주길 바라는 마음이다. 장생불사(長生不死) 좋은 뜻을 가지고 있는 토끼가 진정 "올해는 내 세상이 될 거야"라고 큰소리칠 수 있는지 또 일 년을 그렇게 기대를 걸고 기다려 보아야 하겠다.

전국에서 활동하는 선배 문인, 동료문인들과 후배 문인 모두 토끼해에는 토끼처럼 민첩하고 의롭고 지혜롭게 생활하고 장생불사하시기를 기원드린다.

―2023년 《한국수필》 1월호에 수록

자연과 인간의 싸움

　인간은 태어나면서부터 자연과 함께 숨을 쉰다. 주위의 자연환경이 좋든 나쁘든 상관없이 자연의 혜택을 받으며 살아간다. 산에서 내어주는 먹거리는 가난한 우리 인간들의 일용한 양식이 되었다. 산나물과 약초, 과일 등 봄에 싹트고 꽃피워 열매를 익혀 인간들에게 제공해 주는 자연을 향해 인간들은 반기를 들고 개간이란 작업을 시작했다. 나무가 잘려 나가고 산허리가 동강이 나는 아픔을 겪으면서 우리나라는 발전하기 시작했다.
　삼십육 년간 빼앗겼다 되찾은 나라는 국민들이 먹고살기도 힘든 고난의 길이었다는 것을 우리들은 전해 들은 이야기로 잘 알고 있다. 조금 더 나이 많은 세대들은 몸소 겪으며 그 어려운 시대를 살아냈다.
　교육열이 높아지고 배움이 충만한 사람들이 합심하여 개발이란 이름으로 고층빌딩이 하늘을 향해 솟아나고 아파트 단지가 부지기수로 늘어나면서 논밭은 조금씩 조금씩 사라지기 시작했다. 산을 뚫어 터널을 만들어 전국으로 고속도로가 경쟁하듯 생겨나는 현실에서 수없이 빼앗긴 인간들의 생명, 다리를 놓다가 집을 짓다 추락사하는 사건들이 쉼 없이 일어나고 있다.

자연과 인간들의 싸움은 이렇게 계속된다. 사람들이 나무를 베고 산허리를 깎고 동강 내는데 맞서 자연재해는 조금의 양보도 없다. 산사태를 내고 강물이 흘러넘치고 쭉쭉 뻗은 고속도로에서는 웬 교통사고는 그리도 많이 일어나는지 운전하고 다니기도 겁이 난다.

지금도 끝나지 않은 '세월호 사건'을 다시 생각해 봐도 어처구니없는 사고였다. 불법 개조한 선박에 많은 사람을 태우고 바다를 항해할 때 자연은 인간의 잘못된 생각에 일침을 가한 것이다. 무엇이든 정해진 원칙을 잘 지키라고 말이다.

시골에서 태어난 나는 60년대 면내에는 중학교가 없어 강릉시에 있는 중학교에 입학했다. 외지에서 공부하다 겨울방학이 되어 집에 왔다가 개학할 때가 되면 눈이 왜 그렇게 많이 오던지 며칠을 고민 속에 보낸다. 고등학교 1학년 겨울방학이 끝나갈 무렵 쉴 새 없이 내리던 눈은 결국 3일 동안 대관령 구간 교통 두절이 되어버렸다. 다음날이 개학인데 전날까지 대관령에 눈이 많이 내려 자동차가 다닐 수 없어 서울, 춘천, 원주 등지에서 횡계리에 도착한 버스는 12시가 넘어도 차량 소통이 안 되어 타지에서 횡계까지 차를 타고 온 학생들과 동생하고 나까지 일곱 명이 줄을 서서 행군하듯 강릉을 향하여 걷기 시작했다. 대관령에서 강릉은 내리막길이라 걷기도 하고 썰매 타듯 미끄러지면서 강릉에 도착하니 저녁 일곱 시였다. 물론 그때까지 자동차 길은 뚫리지 않았다.

　이렇게 극성을 부려 같은 교정에 있던 여중, 여고를 다니면서 결석 한번 안 하고 6년 개근을 할 수 있었다. 겨울방학이면 늘 결석하게 될까 걱정했는데 그 걱정까지 함께 졸업하는 여고를 졸업하고 그다음에 맞은 겨울방학을 난 지금도 잊지 못한다.

　지금은 어느 지역인지 생각조차 나지 않는 사건이다. 시골 여학생들이 도시에 나가 공부를 하다 겨울방학이 되어 고향으로 돌아가는 길에 눈이 많이 내려서 시골길은 자취도 없이 눈 속에 묻혀버렸고, 퍼붓는 눈발에 앞도 제대로 보이지 않아 방향감각까지 잃어버린 여학생들이 길을 못 찾아 눈 속에서 헤매다가 결국 동사했다는 뉴스는 가족이 아니더라도 애통한 일이었다.

　가녀린 여학생들이 산속에서 눈이란 자연과 싸워야 했던 그 시간이 얼마나 처절했을까, 겨울이면 얼굴도 모르는 그 여학생들 모습이 떠올라 안타깝다.

　내가 살고 있는 춘천에서도 세상을 떠들썩하게 했던 지난해 여름 장마 때 일어났던 의암호 선박사고가 있다. 물은 인간에게 많은 혜택을 주지만 한 순간에 적으로 변해 사람들의 목숨을 삼켜버렸다. '인공수초섬' 어느 날 손자와 의암호변 산책로를 걷고 있는데 중도 선착장 부근에 떠 있는 '인공수초섬'이 눈에 들어왔다. 하트모양을 한 섬에는 창포인지 붓꽃인지 심겨있었는데 멀리서는 분간이 어려웠다. 그

'수초섬' 하나로 자연 앞에 손을 든 춘천의 아버지들, 물속에서 사투를 벌이면서 가족들을 얼마나 그리워했을까, 천운으로 살아남은 사람도 그때의 후유증으로 고생하고 있는데, 끝내 시신을 찾지 못한 동료를 찾을까 싶어 못하는 낚시를 하러 휴일이면 의암호로 나간다는 그의 우정이 시신을 찾는 데까지 이어졌으면 얼마나 좋을까.

지나간 여름도 내 마음을 시리게 하는 일이 있었다. 십 년 전 장마철 산사태로 춘천을 찾았던 인천 인하대학교 학생들의 희생이다. 벌써 십 년이란 세월이 흘렀다. "발명동아리 아이디어 뱅크" 소속 학생들이 춘천에 있는 상천초등학교 학생들을 대상으로 창의력을 키워주는 봉사활동을 하기 위해 춘천에 왔는데 그 꿈은커녕 인생 자체가 진흙탕 속에 묻혀버렸다.

산밑에 지어진 펜션을 숙소로 잡았다 쏟아지는 폭우를 이기지 못하고 밀어닥친 산사태로 생을 마감한 꽃다운 청춘들, 그들은 가고 없어도 세상은 잘 돌아가지만 가슴에 피멍을 안고 살아가는 그들의 가족은 자연을 원망하며 십 년 세월을 보냈을 것이다.

올해 더욱 가슴 아프게 한 것은 그때 희생된 여학생의 어머니가 사고 10주기를 앞두고 사고 현장을 찾아와 다시 보지 못할 딸을 그리워하며 눈물을 흘렸다는 것이다. 십 명의 인하대학생들이 세상을 떠난 뒤 그 부모들은 가끔씩 만나 서로를 위로하며 십 년 세월을 보냈다는 것이다.

그때 사고에서 더욱 안타까운 것은 춘천시민들은 산사태 예고 문자를 받았지만 외지인이던 그들에게는 문자 발송이 안 되어 바깥 상황을 알 수 없었다는 것이다. 십 년 동안 더욱 발달한 기기 문명은 우리가 타 지역에 가도 요즈음 유행하는 코로나 상황이 그 지역의 알림으로 안내가 되는데, 십 년 전에 그런 시스템이 되어있었다면 어린 청춘들의 생명을 구할 수 있었을 텐데 하는 아쉬움뿐이다.

산사태는 자연재해가 아니다. 인간들이 산밑의 땅을 파내고 집을 짓고 농사를 지을 때 그 상처에 눈비가 스며들어 세월이 흐르면서 균열이 생겨 폭우를 이기지 못하고 아래쪽으로 쏟아지는 것이니 이것은 인재에 가까운 것이다.

인간이 자연을 다스리고 산다고 생각하지만 또한 자연의 지배를 받지 않을 수 없는 것이다. 그러니 개발이란 명목으로 자연을 훼손하는 일은 많이 생각하고 고민한 후에 진행해야 할 것이다.

―2021년 《월간문학》 11호에 수록

재미있는 글을 좋아한다

나의 수필론을 주제로 쓰라고 하니 조금 거창하다는 생각이 든다. 나는 특별히 수필론이라고 정해 놓고 글을 쓰기보다는 그때그때 상황과 시기에 맞게 글을 쓰는 편이다. 그러기에 때로는 흔히 말하는 '신변잡기' 글이 될 수도 있고, 또 정치나 사회 부조리에 대한 비판의 글을 쓰기도 한다.

또 여행에서 보고 느낀 것을 글로 쓰기도 하고 문학 행사나 각종 모임에서 일어난 사소한 얘기도 글감으로 충분히 활용된다. 수필론까지 논할 필요는 없지만 나는 대체로 재미있는 글을 좋아한다. 다른 작가의 글을 읽으면서도 슬픈 얘기나 비관적인 글보다는 웃음을 자아내는 재미있는 글을 읽으면 괜히 기분이 좋아진다.

이 사람 글도 저 사람 글도 어떤 글이 누구의 작품인지 분간이 안 가는 그렇고 그런 평범한 주제의 글은 쓰지 않으려고 노력한다. 그러나 우리 일상에서 겪는 일이 거의 비슷해서 같은 내용의 글이 탄생하게 된다. 그래서 다른 수필가와 똑같은 글을 쓰지 않기 위하여 노력은 하고 있다. 논리적으로 쓰더라도 다른 사람이 안 쓰는 글감을 찾아 글을 쓰고, 흔히 생기는 일이 아닌 것을 찾으려 애를 쓰지만 그리 쉬운 일은 아니다.

사회생활을 하다 보면 생각지 않게 재미있는 일이 생긴다. 그런 일들을 잘살려 수필을 쓴다면 독자들이 지루하지 않게 글을 읽지 않을까 생각하며, 다른 수필가와 색다른 작품을 쓰기 일환으로 이천십칠 년도부터 '민화 에세이'를 쓰기 시작했다. 내가 그린 민화 그림에다 민화가 담고 있는 염원의 뜻을 살리고 또 내가 경험한 일들을 삽입하여 하나의 작품으로 만들어내고 있다.

다행히 남다르게 '민화 에세이'를 쓰면서 좋은 점은 민화 작가가 많아도 모두 글을 쓸 수 있는 것이 아니고, 반대로 수필 작가가 많아도 모두 민화 그림을 그릴 수 있는 게 아니기 때문에, 나만의 생각을 넣은 글이라는 뼈와 민화 그림이라는 살이 함께 합치면 글과 그림을 동시에 감상할 수 있는 작품이 되리라는 생각에 열심히 글을 쓰고 그림을 그리고 있다.

유혜자 수필가님의 '음악 에세이'처럼 나만의 사상을 담은 '민화 에세이'를 창작하는데 열을 올려 보지만 모두가 좋아하는 글이 되기는 어렵다. 누구는 글을 잘 쓰고 누구는 못 쓴다는 판단을 내리는 사람들도 있는데 내 생각은 조금 다르다. 어찌 매번 좋은 글을 쓰겠는가, 같은 작가의 글도 잘 쓴 글이 있고, 잘 쓰지 못한 글도 있다. 한 권의 수필집 안에 수록된 수필이 모두 좋은 글이어야 그 사람 수필 잘 쓴다고 말할 수 있을 것이다.

하지만 책을 출간한 작가는 최선을 다해 그 책을 만들기에 고심한다. 어떤 글이 좋고 안 좋은지는 논리적인 평가

보다 독자들의 취향에 따라 다르기 때문에 작가들은 독자들의 취향에 맞는 글을 쓰기보다는 자신의 틀에 맞춰 글을 쓰기 때문에 본인이 쓴 작품은 거의 좋은 글이라고 판단하기 쉽다. 그 착각은 곧 독자들이 일깨워 줄 것이다.

어쨌든 내가 수필가로 등단하며 수필가가 된 이유는 '시'보다 더 재미있는 이야기를 하고 싶고, 할 수 있다는 점에서 선택한 것이니 이왕 수필가가 되었으니 좋은 글감을 많이 찾아야 하는데 그것도 쉬운 일이 아니다. 다른 사람이 쓰지 않는 소재를 찾기는 더욱 힘들다.

그래도 노력은 할 것이다. 같은 고향 이야기도 내 고향과 다른 작가의 고향은 다르니까 다른 이야기가 될 수 있지만 고향 가는 설렘과 가족과의 상봉 장면은 거의 같은 감정이니 같은 글이 나오기 마련이다.

교과서에서 보아도 예전부터 왜 딸들은 시골에서만 태어났는지 모든 글이 시골 외갓집에 갔다고 되어있는데, 반대로 시골 아이가 대도시인 서울이나 부산에 있는 외갓집에서 생긴 일을 글로 쓴다면 조금 색다른 맛이 나지 않을까 하는 생각을 늘 하고 있다.

그러므로 나는 수필의 틀에 박히지 않고 크게 벗어나지 않는 한도에서 위트가 있고, 유머 있는 글을 좋아한다고 말하고 싶다. 또 그런 글을 쓰고 싶다.

―2021년 《한국문협》 수필분과 수필의 날 행사 「글쓰기 작가에게 묻는다」에 수록

효자를 만나다

가정의 달이라는 오월이 되었다. 오월 날씨는 가정의 달을 축원이라도 하는 듯 맑고 깨끗했다. 어린이가 없는 우리 집에 어린이날은 평소와 같은 분위기다. 스승의 날은 있으나 마나 한 날이 되어버렸고 어버이날이라고 아들딸 손녀가 금일봉과 선물을 사 와서 어버이날 분위기를 한층 북돋운다.

나도 어버이날이면 아버지 어머니께 용돈과 선물을 드렸는데, 이제는 이승을 떠나신 부모님께 마음만 전하고 생전에 더 잘해드려야 했는데, 하는 아쉬움으로 어버이날을 보낸다. 삼 년 전까지만 해도 어버이날이면 상석에 올릴 몇 가지 제물을 가지고 남매들과 같이 가거나 혼자라도 꼭 부모님 산소를 찾아갔는데, 몇 년 전 부모님 산소에 멧돼지가 나타났다는 동생의 말에 혼자 산소에 가는 것을 포기하고 말았다.

손녀들에게 어린이는 아니지만 어린이날이라고 조금씩 용돈을 준다. 그나마도 고등학생인 손자는 지난 여름 캐나다로 유학을 떠났기에 이 대열에서도 제외되었다. 가족들의 웃음꽃인 어린이들이 벌써 커서 중고등학생이 되었고 큰손녀는 올해 대학생이 되었으니 손자 손녀가 새 가정을 이루어야 어린이날에 다시 웃음꽃이 필 것이다.

일요일인 어린이날에 아들이 와서 엄마를 차에 태우고 내 의향은 물어보지도 않고 춘천에 있는 '제이드가든'으로 향한다. 꽃을 무척이나 좋아하는 엄마이기에 꽃과 나무를 볼 수 있는 곳은 무조건 좋아한다는 것을 알고 있는 아들이 세운 계획이다.

야외에 갈 차림도 아닌 스커트에 구두를 신은 채 따라나선 외출 길 목적지에 도착하자 날씨는 오월답지 않게 아주 더웠다. 그래도 꽃구경하느라 힘든 줄 모르고 맨 꼭대기까지 올라갔다. 주차장 입구부터 어린이날이라는 것을 실감하게 구경 온 사람들이 많았다. 휴식을 취할 수 있는 정원의 의자에도 사람들이 많아 빈 의자가 없다. 과일 주스와 아이스커피 한잔씩을 들고 올라가던 반대편 길을 내려오다 갈림길이 합류하는 지점에 도착했다. 조금 전 오르던 길을 내려오는데 작은 내 눈을 크게 떠지게 하는 광경이 눈앞에 펼쳐진다.

현대판 '효녀 심청이'를 만난 듯이 가슴이 뭉클하다. 두 부부인 듯한 오륙십 대로 보이는 두 사람이 어른이 탄 휠체어를 밀고 언덕을 힘겹게 올라오고 있는 것이다. 여자는 그냥 앞쪽에서 안내하듯 한 발짝 앞서 올라가며 서로 대화를 나누고 있다.

이 더운 날씨에 부모님 바깥바람 쐬어드리려고 모시고 나왔다는 자체가 누가 보아도 효자 효부다. 두 남녀의 차림

새로 본다면 하이칼라의 직업은 아니고, 분명 농사를 짓거나 공장과 관련된 일을 하는 것 같아 보였다. 옷차림새도 그렇지만 검게 그을어진 얼굴을 보니 비닐하우스에서 많은 땀을 흘리며 일하는 농부는 아닐까 생각하며 어른들이 자주 하던 말을 떠올렸다.

못 배운 자식일수록 더 효자라고 입을 모으시던 어르신들, 잘 가르쳐 놓으면 좋은 직장에서 돈 많이 벌어 저 잘났다고 부모는 안중에도 없지만, 못 배운 자식들은 부모 곁에서 살면서 수시로 부모님을 살뜰하게 챙긴다는 말이 휠체어를 밀고 가던 남자를 보니 더욱 실감 난다.

드라마를 보아도 그렇고 실제로 보아도 공부 많이 한 자식들은 성장하여 결혼하면 처가에 붙잡혀 처가 쪽 일에 더 열성을 쏟는다. 오래된 얘기로 시골 어머니가 도토리를 주워 묵 장사를 하여 아들을 서울에 보내 공부시켰는데, 의사가 된 아들이 자기 아이 첫돌을 한다고 하여 시골 어머니가 도토리묵을 쑤어서 서울 아들 집에 갔는데, 밥 먹는 순서도 자기는 아들 집 개 다음이었고 결국 도토리묵은 쓰레기통에 버려졌다는 믿지 못할 얘기가 현실이었다니. 어른들이 왜 그런 말을 했는지 알 수 있다.

지금 부모님께서 살아 계시는데 걸음을 못 걸으셨다면 나는 과연 아버지나 어머니를 휠체어에 태우고 저 언덕을 올라가 부모님께 꽃구경을 시켜드릴 수 있을까 생각하니 답이 나오지 않았다. 어떤 일이든 직접 접해보지 않고는 큰소리칠 수 없기 때문이다. 특히 어려운 일일수록 내가 직접 당해봐야 결과를 알 수 있다고 생각하며 아들에게 너도 저렇게 할 수 있느냐고 묻고 싶었지만, 목구멍까지 올라오는 말을 꾹꾹 눌러 참았다. 아들의 대답이 듣고 싶기도 했지만 괜히 아들의 마음을 불편하게 하지는 않을까 하는 생각에 의문의 꼬리를 접었다.

아들을 보고 "저 사람들 대단하다. 그래도 어버이날이 다 가온다고 걷지도 못하는 사람을 꽃구경하라고 저렇게 힘들게 휠체어를 밀고 가네" 하였더니 아들도 "그러게 말이에요" 한다. 아들도 그 남녀를 효자효부라고 칭송하는 것이다.

지금까지 아들딸이 부모한테 하는 것을 보면 효자 효녀라고 할 수 있는데 내가 몸이 불편하여 남의 부축을 받지 않으면 움직일 수 없을 때 과연 우리 아들딸은 어떻게 할까 생각하니 잠시 마음이 무거워진다. 그러나 오늘 하루만 보아도 내 마음은 흐뭇하다. 직장에 근무하느라 어버이날에는 찾아올 수 없다고 쉬어야 하는 일요일인데도 미리 찾아와 주는 것만으로도 효자라고 생각한다.

'건강해야지, 병들지 말아야지' 이게 어디 생각하는 대로 되는가 말이다. 그래도 노력은 해야지 건강해지려는 노력을 말이다. 어떤 사람이 내 목소리가 쩌렁쩌렁하여 오래 살겠다고 했는데 언제까지 살지는 모르지만 해마다 돌아오는 어버이날에 저런 효자 효부를 만날 수 있었으면 좋겠다.

그 주인공들이 아들 며느리인지 딸과 사위인지 그도 아니면 아들딸일 수도 있을 것이다. 어쨌든 남의 일이지만 그 광경은 내 마음을 감동시켰고 흐뭇하게 했다. 그날 '제이드가든'에서 그들을 보았다면 누구나 감동했을 것이다. 어디에 사는 누구인지도 모르는 그 사람들 다음 해 어버이날에도 그들이 또다시 바깥바람을 쐬러 나올 수 있는 행운이 있었으면 좋겠다.

—2019년《현대수필》가을호 초대에세이에 수록

| 평론 |

심영희 수필가의 성취욕구와 돋보이는 실천력
-8번째 작품집 출간을 축하드립니다-

권남희 수필가 (사)한국문인협회 수필분과 회장
(사)한국수필가협회 이사장

　심영희 수필가, 그의 문단활동 30여 년을 함께하면서 갖는 마음은 성실하게 자신의 세계를 다져왔다는 것이다. 주부로서의 완벽함과 춘천을 기반으로 실력을 인정받은 민화와 한지공예는 개인전을 수차례 열만큼 정점에 도달했다.
　수필 쓰기와 더불어 결코 쉽지 않았을 3관왕 도달은 그의 열정이 보통사람과 다르다는 것을 느끼게 한다. 이제부터는 심영희 작가라 칭하면서 추천의 글을 전개하고 싶다. 모든 예술활동은, 표현의 도구만 다를 뿐 맥락이 통하고 하나로 이루어지고 있기 때문이다.

　심영희 작가는 1995년 《수필과 비평》 신인상을 받으며 등단한 이후 30여 년간 왕성한 창작 활동을 이어온 원로 수필가다. 그의 수필 작품들은 일상의 사소한 경험에서도 의미를 찾아내는 남다른 통찰과 서정적 감수성을 담아내고 있다. 첫 수필집 『아직은 마흔아홉』이 기억난다. 이미 "마흔아홉의 나이는 아직 무언가를 이루기에 충분하다"는 듯한 당찬 목소리가 느껴지며, 이후 『정겨운 내 이름 대관령』, 『노란색은 왕이다』, 『추억 여행』 등 다수의 작품집을 통해 삶에 대한 애정 어린 시선과 도전 정신을 꾸준히 펼쳐 보였다. 문장은 맑고 청아한 어조 속에 내면의 성취욕구를 은근히 드러내는데, 이는 작은 목표라도 성실히 실천에 옮기는 그만의 삶의 태도가 반영된 결과라 할 수 있다. 글 속에 담긴 이러한 진솔한 자기 고백과 성찰은 독자로 하여금 따뜻한 공감을 불러일으키며, 끊임없이 노력하고 성장하는 인간상을 자연스럽게 떠올리게 한다.

　꾸준히 글을 쓰다 보니⋯ 30주년을 맞아 여덟 번째 작품집을 출간하게 되어 기쁩니다. ⋯오랫동안 수필집을 출간하지 못하고 중간에　민화에세이집 『역사와 동행하는 민화 이야기』를 출간하기는 했지만, 8년 만에 수필집을 내다보니 시대에 맞지 않는 글이 많습니다. 코로나 사태를 맞으면서 겪었던 일이며, 오래전에 있었던 일도 이번 수필집에 함께 수록하게 되었기에 『추억 여행』을 출간한 후 또다시 추억 여행을 떠나게 되었습니다. 신작보다 내가 속해있는 협회 문학지에 실렸던 작품이 더 많기 때문입니다. -심영희 수필가 머리글-

   심영희 작가의 전시자료를 찾아보고 머리를 숙이게 되었다. 작가의 겸손하면서 쉬지 않는 예술적 노력이 느껴졌다. 전통 민화 '일월오봉도'는 대작이다. 한국적인 소재에 담긴 해와 달, 다섯 봉우리의 그림에서 그녀의 섬세한 손길과 깊은 예술적 열정을 느낄 수 있다. 다재다능한 예술혼이다. 그는 50대 중반이 넘은 나이에 한국공예예술가협회의 한지공예 사범 자격을 취득하며 끊임없는 배움과 자기계발에 나섰다.
   자신의 삶을 정성 들여 가꾸는 모습에서 욕심내지 않되 꾸준히 정진하는 겸손한 노력의 미덕이 고스란히 느껴진다. 그의 열의는 보는 이들에게까지 전해져, 작은 예술 활동이라도 성실히 이어갈 때 얼마나 큰 행복을 얻을 수 있는지 깨닫게 해준다.

   심영희 작가의 글에서 꽃 이야기는 자주 등장한다. 대표성을 가진 두 편을 소개한다. 「가을 속에 핀 봄꽃」과 「꽃을 보면 기분이 좋아진다」이다.

「가을 속에 핀 봄꽃」에서는 인생의 끝자락을 향해 가고 있다는 자각을 하고 있는 작가의 내면을 들여다볼 수 있다. 질긴 생명력은 아니지만 인생의 끝자락은 아무도 모르니 철없이 가을 속에 핀 봄꽃을 보면서 부러워한다. 나이를 먹어도 여자라는 말처럼 나이 들고 싶지 않고 늙어가는 자신을 인정하고 싶지 않아 애를 쓰는 모습들을 상징으로 보여주고 있다.

'꽃을 보면 기분이 좋아진다'는 자연스러운 생명력을 사랑하는 작가의 마음을 표현한 글이다. 어디서든 꽃을 만나면 사진을 찍고 기뻐하며 어머니를 생각한다. 고향집이 떠오르고 꽃을 가꾸던 어머니를 그리워하며 눈물을 흘린다. 감수성과 순수한 정서는 고향집과 어머니에게서 물려받은 것이기 때문이다. 자연과 교감하는 감수성은 문학인에게 큰 제산(製産)이다. 사계절이 있고 늘 그대로인 듯 변화하는 소박한 자연에서 세밀한 관찰력이 생긴다. 아침의 닭 울음소리와 이른 아침 햇살 등에서 삶의 이치 같은 미학을 몸에 익힌 생활이다. 인간은 누구든 자신이 태어나고 살았던 장소를 가슴에 품고 살아간다. 평생 그곳을 떠나지 않고 살아가고 있다면 축복이겠지만 그런 행복은 잘 누릴 수가 없다. 살아가면서 자신의 애착 장소가 사라지고 순간순간 그곳을 떠나야 하는 일이 얼마나 많이 벌어지는지. 그렇다 해도 그리움까지도 작가에게는 마음에 기록된 재산이고 행운이다.

가을 속에 핀 봄꽃만큼 질긴 생명이 아니어도, 이 세상에 태어난 것을 행운이라 생각하며 불만을 토해내는 1인시위보다 긍정적인 마음으로 세상과 공생하다 한 송이의 꽃으로 한 마리의 새로 환생할 수 있다면 다음 세대들의 일이 궁금하지 않을 것 같은데, 인생의 끝자락은 아무도 모르니 가을 속에 핀 봄꽃처럼 철모르는 봄꽃이 부러울 뿐이다. ―「가을 속에 핀 봄꽃」

집으로 오면서 눈에 들어오는 꽃 몇 가지를 더 찍었다. 우리 동네 교회 앞을 지나오는데 교회 뜰 배롱나무에 꽃이 활짝 피어 내 눈을 유혹한다. 그 옆에 있는 연립주택 마당으로 들어섰다. 옆집 꽃이 담을 타고 자기를 자랑하는 백도라지 꽃과 남색 도라지꽃도 만났고 노란 호박꽃도 만났다. 흔히 사람들은 늙은 여자를 비유하여 '호박꽃'이라고 하는데 왜 그런 말이 유행했을까, 이른 아침 밝게 웃는 호박꽃은 청순하고 예쁘다. 위쪽에는 아기 주먹만 한 호박도 매달려 있다. 연립주택 꽃밭을 둘러보니 누가 열심히 가꾸어 놓았는지 여러 가지 꽃이 피어 오래된 주택을 돋보이게 하고 있다. …나는 꽃을 좋아하는 어머니를 닮아 꽃식물을 아주 좋아한다. 어린 시절 화단에 어머니가 많이 가꾸시던 꽃들을 보면 더욱 반갑고 자꾸 눈물이 흐른다. 나이가 들었어도 어머니가 보고 싶고 고향집이 그리운 것이다. ―「꽃을 보면 기분이 좋아진다」

문단 행사에서 더러더러 키도 크고 날씬한 심영희 작가를 만날 때마다 범상치 않은 면모를 감지했었다. 그런데 「나는 걸스카우트 출신이다」 작품을 읽고 그런 생각이 확실해졌다. 리더십을 바탕으로 삶에 대한 열의와 적극적으로 관계망을 구축하는 태도는 하루아침에 이루어지지 않는다. 적극적인 성격은 타고난 점도 있지만 교육을 받으며 알게 모르게 세상을 보는 시야를 넓히며 자신감을 확보했다고 본다. 국내 최초의 걸스카우트는 1946년 대한소녀단이다. 당시 여성들의 억눌러진 자질을 찾아내고 사회적으로 성장시킬 수 있는 좋은 사회단체였다. 학생 때 이런 단체활동을 하면 좀 더 넓은 세상을 볼 수 있고 긍정적 기운을 받는 건 당연하다. 여고생 때 활동한 걸스카우트가 심영희 작가에게 환경에 안주하기보다 활동범위를 넓혀가는 자양분이 되었으리라 믿는다.

그때는 그것이 도전 정신이었다. 도구를 가지고 가지 않아도 밥을 해먹을 수 있다는 자신감을 심어주었다. …세계를 떠들썩하게 만들었던 세계잼버리대회가 좋지 않은 뉴스로 각국의 신문지면을 채우고 있다니 안타까운 일이다. ―「나는 걸스카우트 출신이다」

심영희 작가의 시선에서 비껴갈 수 없는 것이 사회적 이슈를 다룬 글 '빈 의자'이다. 실직자는 언제나 생겼지만 국가부도라는 사상 초유의 사태에서 나라가 흔들렸기 때문이다. 의자는 많은 상징을 품고 있는 좋은 소재이다. 학생들이 앉았던 의자, 사회적 직위부터 휴식을 얻는 자리, 카우치 인간의 전형을 만들었던 소파, 계급에 따라 의자의 디자인을 달리했던 중세시대, 죽음을 준비하는 의자 등 다양하다. 심영희 작가는 1997년 한국이 IMF를 겪으면서 직장인들이 실직하고 거리에 노숙자들이 붇어난 뼈아픈 시대를 의자에서 보고 있다. 어머니로서 견딜 수 없는 점은, 수많은 한국의 가정들이 해체되고 자식들이 갈 곳을 잃어 눈물이 쏟아지는 일이다. 당시 많은 사무실이 문을 닫아 회사 로비에는 책상과 의자들이 나앉아 있었다. 회전의자부터 책상의자, 접대용 소파까지 쌓여서 중고가구점은 분주했다. 의자가 많아질수록 사회가 발달하고 일자리도 더 많이 창출되는 것이다.

빈 의자를 보니 새삼 앉을 자리를 찾지 못한 수많은 사람의 모습이 눈앞에 어른거린다. IMF 때 많은 일꾼이 직장에서 강제 퇴직을 당하며 이 땅의 아버지들이 앉을 자리를 잃었었다. 아버지에 뒤이어 누구의 어머니 또 다른 집의 아들딸들도 직장을 잃고 하루아침에 앉아 있던 의자와 이별을 해야 했다. … 그때는 정말 마음 아팠던 시대였고 앉을 의자가 얼마나 중요한지 다시 한번 생각하게 한다. 자고 일어나면 뉴스마다 무슨 회사가 부도가 났고 잘나가던 사업자와 직원들이 거리를 방황하는 노숙자 신세가 되었다니 우리의 역사상 누구를 탓할 수 없는 시대의 뼈아픈 아픔이었다.
저 붉고 긴 의자는 누구를 위해 세상에 태어났을까.
―「빈 의자」

작가의 내면에서 꿈틀거리는 성취욕을 따라가는 듯한 작품이 '여자도 배포가 커야 한다'이다. 심영희 작가의 의지와 실천력이라면 김금원 못지않게 자기세계를 세우기 위해 용감하게 뛰어들었을 것이다. 어머니 신분에 따라 기생이 되어야 하는 서녀 김금원이었지만 부모의 지원으로 어린 나이에 남장을 하고 금강산 여행을 하고 시를 공부했던 금원은 여성 최초로 시모임을 만들어 시인으로 활동했다.
이러한 김금원을 조명하는 글을 쓰며 심영희 작가는 다시 한번 자신의 의지를 확인했을 것이다. 그리고 시대가 달라졌다. 여자라고 내조에 만족하며 집안에 안주하기를 강요하지 않는다. 오히려 딸들을 지원하며 인간으로 자신의 정체성을 확립하며 성숙할 것을 바란다. 지역에서 탄탄하게 자신의 세계를 굳힌 심영희 작가의 목표와 배짱을 김금원을 다룬 글에서 본다.

 억압에 저항한 여자가 겨우 열네 살에 남장을 하고 금강산을 다녀온 김금원이다. 금강산에 갔던 1830년대(순조30)에 조선에서는 청나라를 다녀온 기행문인(연행기)를 비롯해(금강산유람기) 등 각종 기행문이 성행했지만 문밖 출입조차 자유롭지 않았던 여성들은 여행기를 읽고 그저 상상할 따름이었는데 이런 관습에 도전한 사람이 바로 원주 출신 김금원이다. …김금원이 가장 존경했던 사람은 같은 원주에 살았던 임윤지당이라고 한다.
 몰락한 양반인 아버지와 기생 출신의 어머니 사이에서 태어난 금원은 기행을 끝내고 고향으로 돌아와 어머니의 신분을 따라야 하는 조선의 관습대로 기생이 되었다. 그때 시적 재능을 인정받아 금원은 추사 김정희의 6촌 형제인 김덕희의 소실이 되어 한양으로 이사를 했다고 한다. … 배포가 크고 시문에 능하여 조선시대 여성 최초라는 타이틀을 두 개나 거머쥐었다. 여성 최초 금강산 여행가이며, 여성 최초로 여성 시단을 창립한 김금원의 용기와 재능에 감탄하며 후세인으로 열심히 따라가야 할 것 같다. ―「여자도 배포가 커야 한다」

　황소, 오리, 염소, 닭과 거위 등 많은 동물들을 키우는 집에서 성장한 심영희 작가는 그만큼 축복받은 인생이라고 생각한다.
　생명존중과 사랑은 집에서 기르는 가축에서도 배운다. 가축을 기르는 일은 돌봄이며 책임감도 갖게 되고 함께 살아가는 법을 터득한다. 도시의 분주함과 소란보다 고요와 그 속에서 내면을 들여다보는 시간에서 느림의 미학을 몸으로 습득하는 것이다. 심영희 작가의 생태학적인 면모는 자연발생적이다. 고향집에서, 그가 살았던 마을에서…

　고향이 시골인 나는 학창시절 많은 동물들을 보고 자랐다. 시골집 넓은 터에는 여러 종류의 동물들이 함께 살고 있었다. 밭갈이하는 황소부터 송아지를 낳아주는 어미 소도 있었고 언제나 든든하게 집을 지켜주던 한 쌍의 개도 있었다. 또 매일 알을 낳아주는 어미 닭과 새벽마다 울어 잠을 깨우는 수탉도 있었고, 젖을 짜는 염소와 털을 깎아 양털 실을 만들어주는 양과 토끼도 있었다. 심지어 오리와 거위까지 키우셨다. ―「올해는 내 세상이 될 거야」

한지공예를 하는 심영희 작가는 종이를 자르는 일에서도 생각의 깊이를 더하며 글감을 얻고 있다. 직선은 종이를 바르기 쉽지만 곡선은 종이가 잘 붙지 않아 형태를 잡기가 어려운 일이다. 하지만 그런 어려움을 넘기면 비로소 아름다운 작품을 얻게 된다. 그러나 반드시 직선만이 좋거나 꼭 곡선이 아름답다고 할 수 없는 게 세상일이다. 곡선과 직선 두 개의 선이 절충식으로 어울릴 때 더 멋지다는 글에서 작가의 풍부한 경험치를 느낀다. 무슨 일이든 오랫동안 연마하다 보면 기술이 쌓이고 지혜가 생기는 것이다.

나는 쉴 틈 없이 직선과 곡선으로 씨름을 하며 살아간다. 한지공예와 그림을 그리기 때문이다. 20여 년 한지공예를 하면서 많은 직선과 만나고 헤어졌다. … 골격으로 짠 틀에 한지를 바르는데 직선에는 종이를 바르면 잘 발라지는데 곡선 길은 자동차가 다니기 나쁘듯이 곡선에는 한지가 잘 발라지지 않는다. 초보자일수록 곡선 부분에 쭈글쭈글한 주름이 생기거나 아예 틀에서 붕 떠서 빈 공간을 만들어 내기도 한다.

이렇게 곡선은 사람들에게 유리하지 않지만 잘 이겨내고 나면 한층 아름다워 보인다. 그냥 직선으로 밋밋하게 만든 작품보다 곡선을 넣어 만든 작품은 더욱 아름답고 멋져 보인다. … 직선만도 곡선만도 아닌 직선과 곡선이 함께 있는 절충식이어야 아름답고 멋진 작품이 탄생하기 때문이다. ―「직선과 곡선」

　수십 년간 쌓아온 문학과 미술을 아우르는 폭넓은 경험은 심영희 작가에게 남다른 예술적 안목을 심어주었다. 그는 수필가로서 사물과 사람의 내면을 꿰뚫는 통찰력을 지녔을 뿐 아니라, 민화와 한지공예가로서 전통 미감과 색채에 대한 탁월한 감각을 발휘한다. 이러한 안목은 지역 문화 발전을 위해 헌신하는 리더십으로도 이어졌다.
　심영희 작가는 오랜 기간 춘천문인협회와 춘천여성문학회 등을 이끌며 문학인들의 창작 활동을 뒷받침해 왔고, 강원도에서 처음으로 강원한국수필가협회를 창립하여 초대 회장을 맡았다. 그는 협회 창립 후 지역 수필가들의 작품을 엮은 문예지 《강원한국수필》 창간호를 직접 주도하여 발간함으로써, 오랫동안 강원도에서 활동해온 작가들의 작품 세계를 한곳에 조망하는 장을 마련하기도 했다. 이렇듯 지역 문학계에 기여한 바가 크기에, 한국수필문학상과 동포문학상, 소월문학상 등 유수의 문학상을 수상하며 그 공로를 인정받은 것은 어쩌면 당연한 결과처럼 느껴진다.
　심영희 작가는 문화는 함께 나눌 때 빛난다는 신념으로 지역 예술인들과 소통하고 후배들을 양성해왔는데, 그 진심 어린 리더십은 강원 지역 문학의 저변을 탄탄하게 다지는 밑거름이 되었다. 그의 지도력 아래 춘천 지역에서는 한 해에 여러 명의 회원이 문학상을 수상하고 시집을 출간하는 등 활발한 성과가 나오기도 했는데, 심영희 회장은 이를 두고 "문학을 택해 다른 사람을 즐겁게 해줄 수 있다는 것이 가장 기쁜 일"이라며 겸손한 소감을 전했다. 이런 말에서 알 수 있듯, 그는 자신의 성취를 개인에 머물게 하지 않고 공동의 기쁨으로 승화시키는 품격 있는 예술인이다.

여성 예술인으로서의 리더십과 지역사회 영향은 중요하다. 심영희 작가의 꾸준한 활동은 지역사회에 특히 여성 예술인들의 위상을 높이는 긍정적인 파급 효과를 가져왔다. 춘천여성문학회 회장을 맡으며 여성 문인들의 창작 의욕을 북돋운 그는, 문학계에서 여성들이 목소리를 내고 교류할 수 있는 장을 적극적으로 마련해 왔다.

과거에 비해 여성의 사회 참여가 활발해졌다고는 하나, 지역 문학과 예술 분야에서 중견 여성 창작자가 선두에 서서 단체를 이끌고 후배를 양성하는 모습은 많은 이들에게 귀감이 되었다. 심영희 작가는 섬세함과 포용력을 갖춘 리더로서, 문학 모임에서 한 사람 한 사람의 이야기에 귀 기울이고 그 가치를 끌어올려 주는 역할을 했다.

결과도 좋아서 여성문학인들이 중앙에서 문학상을 수상하고, 춘천여성문학상을 제정하여 매년 시상하며 작품 활동을 활발히 펼침으로써 지역 문화계에 새로운 활력을 불어넣었다. 한편으로 그는 지역 어르신들에게도 꾸준히 글쓰기와 공예, 민화를 가르치며 세대와 성별을 아우르는 문화 나눔을 실천하고 있다.

"예술은 나눌수록 커진다"는 믿음 아래, 자신의 재능을 주변과 공유하는 심영희 작가의 모습은 지역사회에 잔잔한 감동을 주었다. 평생을 한결같이 창작과 배움에 정진해온 그의 이야기는 젊은 여성 예술인들에게는 용기와 희망을, 지역 주민들에게는 문화에 대한 애정과 자부심을 심어주고 있다. 겉으로 드러내지 않는 묵묵한 열정과 따뜻한 리더십으로 자신이 속한 공동체를 밝게 비추는 심영희 작가는, 예술로 지역을 아름답게 변화시키는 참된 어른으로 오래도록 기억될 것이다.

특히 MZ세대 이후 관념으로 굳어졌던 고정 장르가 무너지고 새로운 형태의 예술이 등장하고 있다. 사진과 미술작품이 융합을 한 지는 오래전이다. 문학과 음악 미술 등이 콜라보처럼 어우러져야 한다.

한국적이어서 한류의 중심활동을 할 수 있는 심영희 작가의 다중 채널 예술활동은 미래지향이다.

유튜버들이 순식간에 슈퍼리치가 되는 시대이다.

유튜버들이 협력한다면 후배 육성과 함께 세계적 교류도 가능하다고 본다.

8번째 작품집 출간을 축하드리며 심영희 작가에게 기대를 걸어본다.

빈 의자

심영희 지음

발행처	도서출판 **청어**
발행인	이영철
영업	이동호
홍보	천성래
기획	육재섭
편집	이설빈
디자인	이수빈	구유림
인쇄	빌포스트

등록	1999년 5월 3일
	(제321-3210000251001999000063호)

1판 1쇄 발행 2025년 10월 20일

주소 서울특별시 서초구 남부순환로 364길 8-15 동일빌딩 2층
대표전화 02-586-0477
팩시밀리 0303-0942-0478
홈페이지 www.chungeobook.com
E-mail ppi20@hanmail.net

ISBN 979-11-6855-390-3(03810)

이 책의 저작권은 저자와 도서출판 청어에 있습니다.
무단 전재 및 복제를 금합니다.